ORDONNANCE DU ROY,

Portant règlement pour le payement des Troupes de Sa Majesté pendant l'hiver prochain.

Du premier Décembre 1746.

DE PAR LE ROY.

SA MAJESTE' voulant régler le traitement qui sera fait à ses troupes, tant françoises qu'étrangères, pendant l'hiver, à commencer du premier novembre 1746, a ordonné & ordonne ce qui suit.

ARTICLE PREMIER.

QUE les troupes d'Infanterie, Gendarmerie, Cavalerie, Carabiniers, Hussards & Dragons, qui seront logées chez les habitans des villes & autres lieux, tant de la frontière que de l'intérieur du royaume, n'y auront que le simple couvert, avec des lits garnis de linceuls, place au feu & à la chandelle de l'hôte, suivant sa commodité. *LOGEMENT.*

II.

QUE le fourrage sera fourni aux présens & effectifs des troupes de la Gendarmerie, Cavalerie, Carabiniers, *FOURRAGE.*

A

56

Huſſards & Dragons, pendant l'hiver, dans les lieux où elles ſeront logées, conformément aux revûes qui en ſeront faites; la ration devant être compoſée de quinze livres de foin & cinq livres de paille, ou de dix-huit livres de foin ſans paille, où il n'y en aura point, des deux tiers du boiſſeau d'avoine meſure de Paris, dont les vingt-quatre boiſſeaux font le ſeptier de ladite meſure; ſçavoir, pour la Gendarmerie, dans chaque compagnie de Gendarmes ou de Chevaux-légers, deux rations à chacun des quatre Maréchaux-des-logis, & une ration à chacun des deux Brigadiers, deux Sous-brigadiers, au Porte-étendard, & chaque Gendarme, Chevau-léger, Trompette & Timbalier: & il ſera fourni de plus dix rations par jour à chaque Capitaine-lieutenant des ſix compagnies de Chevaux-légers, quatre à chaque Sous-lieutenant, & trois à chacun des deux Cornettes deſdites compagnies, les Grands-officiers des compagnies de Gendarmes n'en devant point avoir.

GENDARMERIE.

Compagnies, à l'exception des Grands-officiers des dix compagnies de Gendarmes.

Etat-major.

Pour l'Etat-major de la Gendarmerie, douze rations au Major, huit rations à l'Aide-major, ſix à chacun des deux Sous-aide-majors, deux rations à chacun des deux Aumôniers, & une au Chirurgien.

CAVALERIE françoiſe & étrangère, CARABINIERS, HUSSARDS & DRAGONS.

Pour la Cavalerie, les Carabiniers, Huſſards & Dragons, ſix rations par jour à chaque Capitaine, quatre au Lieutenant, quatre au Sous-lieutenant qui eſt en la compagnie Colonelle du régiment du Colonel-général de la Cavalerie; & pareille quantité de quatre rations à chacun des ſeconds Lieutenans de la compagnie générale du régiment du Colonel-général des Dragons, & de la compagnie Meſtre-de-camp du régiment Meſtre-de-camp général auſſi des Dragons; trois à chaque Cornette, deux à chaque Maréchal-des-logis, & une à chaque Brigadier, Cavalier, Carabinier, Huſſard, Dragon, Trompette, Timbalier, Tambour & Hautbois; ſix rations à Monſ.r le Prince de Dombes Meſtre-de-camp-Lieutenant du régiment Royal-des-Carabiniers; ſix à chacun des cinq Meſtres-de-camp qui ſervent ſous lui à la tête des cinq Brigades;

pareille quantité de six rations à chaque Mestre-de-camp de Cavalerie, de Hussards ou de Dragons; quatre à chaque Lieutenant-colonel, outre celles qu'ils doivent recevoir comme Capitaines; huit à chaque Major, quatre à chaque Aide-major; & dans la Cavalerie & les Hussards, une ration à chaque Aumônier & Chirurgien; & dans les Dragons, une ration seulement à l'Aumônier.

Et en outre pour les régimens Royal-Allemand & Rosen, sçavoir, au régiment Royal-Allemand, deux rations au Maréchal-des-logis du régiment, trois au Prévôt, deux à son Lieutenant, deux au Greffier, & une à chacun des quatre Archers & un Exécuteur de justice.

Et au régiment de Cavalerie allemande de Rosen, une à chacun des Auditeur, Greffier, trois Archers & un Exécuteur de justice.

Officiers réformez. Les Officiers réformez qui auront ordre de servir à la suite des régimens de Cavalerie ou de Dragons, recevront du fourrage pour leurs chevaux, sçavoir, chaque Mestre-de-camp six rations par jour, chaque Lieutenant-colonel pareille quantité de six rations, chaque Capitaine quatre, & chaque Lieutenant réformé de Cavalerie ou de Dragons, deux rations.

FILTZJAMES. Les Officiers réformez à la suite du régiment de Cavalerie de Filtzjames, auront du fourrage, sçavoir, chaque Mestre-de-camp neuf rations par jour, chaque Lieutenant-colonel huit, chaque Capitaine cinq, & chaque Lieutenant trois rations.

Volontaires de Saxe. Le régiment de Cavalerie volontaire de Saxe recevra suivant les revûes des Commissaires des guerres, douze cens rations de fourrage par jour, dont deux cens à partager entre les Officiers de ce régiment.

Volontaires Royaux. Pour le corps des Volontaires-royaux, à la compagnie des Guides, deux rations au Capitaine & une ration à chacun des Lieutenans en pied & réformé: aux compagnies d'Infanterie deux rations au Capitaine des Charpentiers & Bateliers, une ration au Lieutenant de ladite compagnie, trois rations à chaque Capitaine de Grenadiers, deux à chaque Capitaine en ſecond, & une ration à chaque premier Lieutenant, Lieutenant en ſecond, premier Sous-lieutenant ou Sous-lieutenant en ſecond: Et aux compagnies de Dragons quatre rations à chaque Capitaine en ſecond & premier Lieutenant, trois rations à chaque Lieutenant en ſecond & Sous-lieutenant, deux à chaque Maréchal-des-logis, & une à chaque Brigadier & Dragon: chaque Capitaine en pied commandant les compagnies de deux cens hommes, aura huit rations, le Major ſix, chaque Aide-major de Dragons quatre, & chaque Aide-major d'Infanterie trois, les Aumônier, Chirurgien & Prévôt n'en devant point avoir: Il ſera fourni de plus une ration à chacun des trois chevaux attelez à la charrette qui ſervira à porter les principaux attirails propres aux conſtructions qu'il y aura à faire, leſquels trois chevaux ſont entretenus dans la compagnie des Charpentiers & Bateliers; & une ration à chacun des quatre chevaux qui ſerviront aux deux caiſſons entretenus dans ce corps pour porter les cartouches & petards.

Compagnie de Fiſcher. La compagnie franche de Chaſſeurs de Fiſcher, ſix rations de fourrage par jour au Capitaine en pied, trois à chacun des Capitaines en ſecond, deux à chacun des premiers & ſeconds Lieutenans, ſoit en pied ou réformez, une à chacun des deux Maréchaux-des-logis & à chacun des cent Brigadiers & Chaſſeurs à cheval.

Régiment de Graſſin. Le régiment de Graſſin recevra, ſçavoir, les Officiers des compagnies d'Infanterie, deux rations à chacun des Capitaines en pied & en ſecond, & une ration à chacun des Lieutenans en premier, en ſecond & réformé; & les compagnies d'Arquebuſiers à cheval, trois rations au Capitaine en pied, & pareilles trois rations à chaque premier & ſecond Capitaine en ſecond, deux rations à chaque premier & ſecond Lieutenant & à chaque Cornette, & une ration à chaque Maréchal des logis, Cadet, Brigadier, Arquebuſier, Trompette ou Tambour, trois rations au Colonel, deux rations au Lieutenant-colonel, outre celles qu'ils doivent recevoir en qualité de Capitaine en pied

d'Infanterie

d'Infanterie & de Cavalerie, trois rations au Major, & deux rations à chaque Aide-major d'Infanterie & de Cavalerie, l'Aumônier & le Chirurgien n'en devant point avoir.

Régiment de la Morliere.

Le régiment de la Morliere recevra, sçavoir, les Officiers des compagnies d'Infanterie, deux rations à chacun des Capitaines en pied & en second, & une ration à chacun des Lieutenans en premier, en second & réformé; & les compagnies de Dragons trois rations au Capitaine en pied, deux rations à chacun des Lieutenant & Cornette, une ration au Maréchal-des-logis & à chacun des Brigadiers, Dragons & Tambours, six rations au Colonel, quatre au Lieutenant-colonel, trois au Major, deux à chacun des deux Aide-majors, l'Aumônier & le Chirurgien n'en devant point avoir.

Il sera fourni de plus une ration par jour à chacun des dix chevaux qui servent à conduire à la suite dudit régiment un chariot de munitions & deux pièces de canon à la Suédoise.

Volontaires de Gantés.

Pour le corps des Volontaires de Gantés, six rations par jour au Commandant dudit corps, deux rations à chacun des Capitaines des deux compagnies d'Infanterie, & une ration à chaque Lieutenant en premier & Lieutenant en second desdites deux compagnies; & pour les compagnies de Hussards & de Dragons, trois rations à chaque Capitaine en pied, deux rations à chacun des Capitaines en second & Lieutenans en premier, & une ration à chaque Lieutenant en second, Maréchal-des-logis, Brigadier, Hussard, Dragon, Trompette & Tambour, trois rations à l'Aide-major de Cavalerie, & deux rations à celui d'Infanterie, le Chirurgien n'en devant point avoir, non plus que les Officiers des deux compagnies de Fusiliers de Montagne.

Compagnie de Rosemberg.

Pour la compagnie franche de Hussards de Rosemberg, ci-devant Goengoësy, quatre rations au Capitaine, deux rations au Lieutenant en pied, une ration au Lieutenant réformé entretenu à la suite de ladite compagnie, & une ration au Maréchal des logis & à chacun des cinquante Brigadiers & Hussards, compris un Trompette.

Compagnie de Fusiliers-guides.

Pour la compagnie de Fusiliers-guides, destinée à servir à l'armée de Flandre, quatre rations au Capitaine, deux rations au Lieutenant en pied, pareilles deux rations au Lieutenant reformé, & une ration à chacun des douze Fusiliers-guides à cheval.

Cantabres-Volontaires.

Pour le régiment d'infanterie de Cantabres-Volontaires, deux rations à chaque Capitaine & une ration à chaque premier Lieutenant & Lieutenant en second, quatre rations au Colonel, deux au Lieutenant-Colonel, outre celles qui leur reviennent comme Capitaine, trois au Major, deux à l'Aide-major, & une à l'Aumônier, le Chirurgien n'en devant point avoir.

Compagnie de Croates.

Pour la compagnie d'infanterie de Croates, quatre rations au Capitaine commandant, deux rations à chaque Capitaine en second, & une ration à chaque Lieutenant en premier & Lieutenant en second.

L'intention de Sa Majesté est que le fourrage ci-dessus réglé aux officiers de Cavalerie, de Carabiniers, de Hussards & de Dragons, & à ceux des troupes d'Infanterie ci-dessus dénommées, ne soit fourni qu'à ceux compris dans les états qui seront envoyez aux Intendans des généralités, provinces & places où lesdites troupes seront placées.

INFANTERIE FRANÇOISE & ÉTRANGÈRE, à l'exception des troupes dénommées ci-contre.

Sa Majesté ayant donné ses ordres pour la fourniture du fourrage aux Officiers de ses troupes d'Infanterie françoise & étrangère, qui seront comprises dans les états qui seront envoyez aux Intendans des généralités, provinces & places où elles seront logées pendant l'hiver, pour donner moyen auxdits Officiers d'entretenir leurs équipages, *en ce non compris ceux des troupes Suisses & Allemandes, & ceux des régimens Royal-Lorraine, Royal-Barrois, & des bataillons de Fusiliers de Montagne,* qui ne doivent point avoir de fourrage en hiver; Elle ordonne que la ration sera composée de douze livres de foin & huit livres de paille, ou de seize livres de foin sans paille où il n'y en aura point, & d'un demi-boisseau d'avoine mesure de Paris; & qu'il en soit délivré, sçavoir, quatre rations par jour à chaque Capitaine, deux rations à chaque Lieutenant, Sous-lieutenant ou Enseigne; &

pour les Officiers de chaque Etat-major, six rations par jour au Colonel, trois au Lieutenant-colonel, deux aux Commandans de bataillon qui ne sont point chefs de régiment, outre les rations que lesdits Colonels, Lieutenans-colonels ou Commandans de bataillon recevront comme Capitaine; cinq rations au Major, trois à chaque Aide-major, deux au Sous-aide-major de chacun des bataillons du régiment Royal-Artillerie, une au Prévôt où il y en a, & une à l'Aumônier.

Officiers réformez.

Il sera aussi fourni du fourrage aux Officiers réformez qui auront ordre de servir à la suite desdits régimens d'Infanterie, compris dans les états ci-dessus, sçavoir, six rations par jour à chaque Colonel, quatre à chaque Lieutenant-colonel, deux à chaque Capitaine, & une à chaque Lieutenant.

Sa Majesté ordonne que lesdites fournitures de fourrages soient régulièrement faites à la Gendarmerie, à la Cavalerie, aux Carabiniers, Hussards & Dragons, & aux Officiers, tant de ces corps que de ceux d'Infanterie, à commencer du jour que les troupes entreront en quartier d'hiver, jusqu'au tems qu'elles se mettront en campagne. A l'égard des régimens en quartier dans les provinces & généralités du royaume, auxquels Sa Majesté a laissé la disposition des fourrages, son intention est qu'après l'expiration des cent cinquante jours du quartier d'hiver, les places de fourrage leur soient payées sans aucun bénéfice.

Veut Sa Majesté qu'il ne soit délivré aucune ration de fourrage aux Officiers d'Infanterie, de Gendarmerie, Cavalerie, Carabiniers, Hussards & Dragons qui ne se trouveront pas présens aux revûes, à moins qu'ils ne soient de semestre, ou n'aient un congé par écrit de Sa Majesté, contre-signé du Secrétaire d'état de la guerre: auxquels Officiers absens par semestre, congé, ou ceux qui obtiendront des reliefs, il ne sera fourni que la moitié des fourrages qu'ils auroient s'ils avoient été présens; à l'exception des Colonels, Mestres-de-camp, Lieutenans-colonels, en pied ou réformez, & des Majors des régimens, qui auront leur fourrage en entier lorſqu'ils ſe feront abſentez par congé, ou ſur les reliefs qui ſeront accordez à ceux qui n'auront pas de congé.

Défend très-expreſſément Sa Majeſté auxdits Officiers, Gendarmes, Chevaux-légers, Cavaliers, Carabiniers, Huſſards & Dragons, d'exiger des Garde-magaſins & Entrepreneurs de la fourniture des fourrages, une plus grande quantité de rations que celle marquée ci-deſſus; & auxdits Officiers, ſoit de Gendarmerie, ſoit de Cavalerie, de Carabiniers, de Huſſards ou de Dragons, de rien diminuer ſur les rations ci-deſſus ordonnées pour la ſubſiſtance du cheval du Gendarme, Chevau-léger, Cavalier, Carabinier, Huſſard ou Dragon, pour le donner à leurs chevaux, ou pour le convertir en argent; à peine auxdits Officiers d'être caſſez & privez de leurs charges, & aux Gendarmes, Chevaux-légers, Cavaliers, Carabiniers, Huſſards & Dragons, de la vie.

Défend auſſi Sa Majeſté aux Garde-magaſins & Entrepreneurs, de convertir aucune deſdites rations de fourrage en argent, à moins que leſdits Garde-magaſins & Entrepreneurs n'en aient ordre par écrit des Intendans, à peine de la vie; & auxdits Officiers, Gendarmes, Chevaux-légers, Cavaliers, Carabiniers, Huſſards & Dragons, d'entrer avec eux en aucune compoſition là-deſſus, à peine aux Officiers d'être caſſez, & aux Gendarmes, Chevaux-légers, Cavaliers, Carabiniers, Huſſards & Dragons, des galères: Fait en outre Sa Majeſté très-expreſſes défenſes auxdits Officiers, Gendarmes, Chevaux-légers, Cavaliers, Carabiniers, Huſſards & Dragons, de vendre aucun fourrage, & aux habitans des villes & lieux où ils ſeront logez & des environs, d'en acheter d'eux, ſur les mêmes peines auxdits Officiers d'être caſſez, & aux Gendarmes, Chevaux-légers, Cavaliers, Carabiniers, Huſſards & Dragons, des galères, & ſur peine auxdits habitans de trois cens livres d'amende. Ordonne Sa Majeſté aux Commiſſaires des guerres employez à la police de ſes troupes, de délivrer auxdits Garde-magaſins ou Entrepreneurs, dés extraits des revûes qu'ils en feront,

& auxdits

& auxdits Garde-magasins & Entrepreneurs de ne fournir le fourrage à chaque compagnie, que sur le pied qu'ils verront par lesdits extraits qu'elle aura passé à la revûe qui en aura été faite, & qu'il n'en soit fourni à aucun des Officiers qui ne seront point compris pour présens dans lesdits extraits, sur lesquels ils compteront des fournitures qu'ils auront faites: se conformant à ce qui est marqué ci-dessus pour les Officiers qui seront absens par semestre, sur des congés de Sa Majesté, ou qui obtiendront des reliefs, aux équipages desquels il sera fourni du fourrage comme il est ci-dessus ordonné.

III.

USTENSILE.

INFANTERIE.

SA MAJESTÉ ayant ordonné que la Masse de la campagne prochaine des troupes auxquelles Elle la paye, soit déduite sur l'ustensile de celles auxquelles Elle juge à propos d'en accorder pendant les cent cinquante jours du présent quartier d'hiver, en conséquence de l'état particulier que Sa Majesté fera expédier sur le Trésorier général à Paris, pour le payement de cet ustensile; son intention est que les compagnies qui recevoient ci-devant quinze cens livres, n'auront plus que douze cens livres pour les régimens qui auront l'ustensile entier, & quatre cens cinquante livres au Major; & que les compagnies qui avoient ci-devant sept cens cinquante livres, ne recevront plus que quatre cens cinquante livres pour les régimens qui n'auront que le demi-ustensile, & deux cens vingt-cinq livres au Major; duquel ustensile le Lieutenant de la compagnie qui aura douze cens livres, recevra quatre-vingt-dix livres, le Sous-lieutenant ou Enseigne soixante livres, l'Aide-major du bataillon quinze livres; le Lieutenant de la compagnie qui n'aura que quatre cens cinquante livres, recevra quarante-cinq livres, le Sous-lieutenant ou Enseigne trente livres, & l'Aide-major du bataillon sept livres dix sols: le restant à chaque compagnie sera payé au Capitaine, pour rendre ſa compagnie complète en état de bien ſervir, & fournir des tentes à ſes ſoldats pendant la campagne.

Retenue ſur l'Uſtenſile.

Comme Sa Majeſté eſtime qu'il conviendra aux Officiers des troupes d'Infanterie françoiſe de ſes armées, de faire conſerver aux Capitaines une partie de leur uſtenſile, & aux Lieutenans, Sous-lieutenans ou Enſeignes l'uſtenſile entier, pour leur être payé par égale portion, ſçavoir, au Capitaine en cinq mois, à commencer du 10 juin de l'année prochaine, & aux Lieutenans, Sous-lieutenans & Enſeignes en ſix mois, à commencer du 10 mai; Sa Majeſté ordonne qu'il ſoit retenu cent cinquante livres à chaque Capitaine, & ce qui revient dudit uſtenſile à chaque Lieutenant, Sous-lieutenant ou Enſeigne, pour leur être ainſi diſtribué.

Officiers réformez.

Les Officiers réformez qui ont ſervi pendant la campagne dernière à la ſuite deſdits régimens, recevront l'uſtenſile, ſçavoir, chaque Colonel réformé deux cens ſoixante-dix livres, chaque Lieutenant-colonel cent quatre-vingts livres, chaque Capitaine quatre-vingt-dix livres, & chaque Lieutenant réformé trente livres.

GENDARMERIE.

Dix compagnies de Gendarmes.

Chacune des dix compagnies de Gendarmes Ecoſſois, Anglois, Bourguignons, de Flandres, de la Reine, de Monſeigneur le Dauphin, de Bretagne, d'Anjou, de Berry & d'Orléans, recevra pendant les cent cinquante jours du quartier d'hiver, quatre-vingt-cinq places d'uſtenſile par jour, leſquelles ſeront diſtribuées (les grands Officiers n'en devant point avoir) ſçavoir, deux places à chacun des quatre Maréchaux-des-logis qui ſont en chacune deſdites compagnies, les ſoixante-dix-ſept autres places ſeront pour les deux Brigadiers, les deux Sous-brigadiers, le Porte-étendard, les ſoixante-dix Gendarmes & les deux Trompettes.

Six compagnies de Chevaux-légers.

Chacune des ſix compagnies de Chevaux-légers de la Reine, de Monſeigneur le Dauphin, de Bretagne, d'Anjou, de Berry & d'Orléans, recevra pendant leſdits cent cinquante jours, cent cinq places d'uſtenſile par jour, le Capitaine-lieutenant en ayant dix, le Sous-lieutenant quatre, chacun des premier & fecond Cornettes trois, chacun des quatre Maréchaux-des-logis deux, & les foixante-dix-fept autres places feront pour les deux Brigadiers, les deux Sous-brigadiers, le Porte-étendard, les foixante-dix Chevaux-légers, & les deux Trompettes.

Timbaliers.

Les huit Timbaliers qui fervent dans les compagnies des Gendarmes Ecoffois, Anglois, Bourguignons, de Flandres, de la Reine, de Monfeigneur le Dauphin, & des Chevaux-légers de la Reine & de Monfeigneur le Dauphin, recevront auffi par jour chacun une place d'uftenfile pendant lefdits cent cinquante jours.

CAVALERIE & DRAGONS.

Chaque compagnie des régimens de Cavalerie, de Carabiniers, Huffards & Dragons, recevra l'uftenfile pendant les cent cinquante jours du quartier d'hiver, fur le pied de fix places par jour au Capitaine, de quatre places à chaque Lieutenant, quatre places au Sous-lieutenant qui eft dans la compagnie colonelle du régiment du Colonel-général de la Cavalerie; pareille quantité à chacun des feconds Lieutenans qui font dans la compagnie générale du régiment du Colonel général des Dragons, & dans celle de la Meftre-de-camp du régiment Meftre-de-camp général defdits Dragons; trois à chaque Cornette, deux à chaque Maréchal-des-logis, & une à chaque Brigadier, Cavalier, Carabinier, Huffard & Dragon, conformément aux états que Sa Majefté en fera expédier: obfervant que ces places attribuées aux Cavaliers, Carabiniers, Huffards & Dragons, doivent être remifes au Capitaine, pour être employées au rétabliffement & entretenement de fa compagnie, & la mettre en état de fervir en campagne; à la réferve des cinq écus qui doivent être retenus, pour être diftribuez auxdits Cavaliers, Carabiniers, Huffards & Dragons pendant la campagne, ainfi qu'il fera dit ci-après: Et pour chaque Etat-major de Cavalerie, de Carabiniers, Huffards & Dragons, il fera payé fix places au Meftre-de-camp, quatre au Lieutenant-colonel, fix au Major, quatre à l'Aide-major; & dans la Cavalerie, les Carabiniers & Huffards, une place à chaque Aumônier & Chirurgien; &

dans les Dragons une place à l'Aumônier seulement; six places à Monsr le Prince de Dombes Mestre-de-camp-lieutenant du régiment Royal-des-Carabiniers; deux au Maréchal-des-logis de l'Etat-major du régiment Royal-allemand, deux au Prévôt, une à son Lieutenant, & une à chacun des Greffier, quatre Archers, un Exécuteur; une à l'Auditeur dans l'Etat-major du régiment de Rosen, & une à chacun des Greffier, trois Archers & un Exécuteur.

Royal-Allemand.

Rosen.

Officiers réformez.

A l'égard des Officiers réformez de Cavalerie, de Carabiniers, de Hussards & de Dragons, qui ont ordre de servir avec les régimens, & qui y auront fait la campagne dernière, Sa Majesté ordonne que l'ustensile leur soit payé pendant les cent cinquante jours du quartier d'hiver, sçavoir, six places par jour à chaque Mestre-de-camp, cinq à chaque Lieutenant-colonel, quatre à chaque Capitaine, & deux à chaque Lieutenant.

SOLDE.

Sa Majesté ayant donné ses ordres pour faire remettre aux Trésoriers généraux de l'Extraordinaire des guerres & des troupes de sa Maison, les fonds nécessaires pour le payement des appointemens & solde, Elle entend que le payement en soit fait aux Officiers, Soldats, Cavaliers, Carabiniers, Hussards & Dragons, de dix jours en dix jours, & par avance, suivant les ordres particuliers que lesdits Trésoriers généraux de l'Extraordinaire des guerres en recevront des Intendans; & pour les troupes d'Infanterie & de Cavalerie de sa Maison, sur les états de décharge qui seront expédiez aux Trésoriers généraux desdites troupes, sur le pied & conformément à ce qui suit.

Article Premier.

Gardes-Françoises. Compagnies de Grenadiers.

Chacune des trois compagnies de Grenadiers du régiment des Gardes-françoises, composée d'un Capitaine, deux Lieutenans, deux Sous-lieutenans, deux Enseignes, & cent dix hommes, dont six Sergens, trois Caporaux,

neuf

neuf Anspessades, quatre-vingt-huit Grenadiers & quatre Tambours, sera payée sur le pied de trois cens soixante livres huit sols par mois au Capitaine, deux cens vingt-cinq livres seize sols huit deniers à chaque Lieutenant, cent dix livres huit sols quatre deniers à chaque Sous-lieutenant, soixante-treize livres six sols huit deniers à chaque Enseigne, quarante livres un sol huit deniers à chacun des cinq premiers Sergens, trente-huit livres quinze sols au sixième Sergent, vingt-deux livres cinq sols à chaque Caporal, dix-neuf livres quinze sols à chaque Anspessade & Tambour, seize livres quinze sols à chaque Grenadier; pareilles seize livres quinze sols pour la paye du Major, dix livres quinze sols pour celle du Commissaire; & seize livres quinze sols pour chacune des douze payes de gratification que Sa Majesté accorde au Capitaine, sa compagnie étant compléte de cent dix hommes, huit seulement à cent quatre jusqu'à cent neuf, & rien au-dessous dudit nombre de cent quatre hommes.

Compagnies de Fusiliers.

Chacune des trente compagnies de Fusiliers, composée d'un Capitaine, d'un Lieutenant, un premier & second Sous-lieutenans, deux Enseignes, & cent cinquante hommes, dont six Sergens, trois Caporaux, neuf Anspessades, cent vingt-huit Fusiliers & quatre Tambours, sera payée sur le pied par mois, de deux cens cinquante-cinq livres au Capitaine, cent soixante-dix livres seize sols huit deniers au Lieutenant, quatre-vingt-cinq livres huit sols quatre deniers à chacun des premier & second Sous-lieutenans, cinquante-cinq livres à chaque Enseigne, trente-cinq livres dix-huit sols quatre deniers à chacun des quatre premiers Sergens, trente-quatre livres quatre sols deux deniers à chacun des deux autres, dix-huit livres dix-huit sols quatre deniers à chaque Caporal, dix-sept livres cinq sols à chaque Anspessade & Tambour, quatorze livres quinze sols à chaque Fusilier; pareilles quatorze livres quinze sols pour la paye du Major, dix livres quinze sols pour celle du Commissaire; & pareilles dix livres quinze sols pour chacune des quinze payes de gratification que Sa Majesté accorde au Capitaine, sa compagnie étant compléte de cent cinquante hommes; quatorze de cent quarante-cinq à cent quarante-neuf; douze de cent trente à cent quarante-quatre inclusivement, & rien au-dessous dudit nombre de cent trente hommes: il sera de plus payé au Capitaine trente sols par jour, pour appointer les trente meilleurs Soldats de sa compagnie.

Etat-major. A l'égard des Officiers de l'Etat-major dudit régiment, ils continueront d'être payez de leurs appointemens suivant les états que Sa Majesté en fera expédier.

II.

GARDES-SUISSES. Compagnies. LES douze compagnies du régiment des Gardes-suisses, qui ont été augmentées de trente-cinq hommes par ordonnance du 16 janvier 1745, pour les mettre de deux cens à deux cens trente-cinq hommes, les Officiers compris, seront payées chacune à raison de vingt livres six sols par mois pour chaque homme & pour chacune des trente-trois payes de gratification que Sa Majesté accorde au Capitaine, lorsque sa compagnie se trouvera du nombre de deux cens onze & au-dessus jusqu'à celui de deux cens trente-cinq, & trente payes seulement lorsqu'elle ne sera que de cent quatre-vingt-cinq à deux cens dix hommes: Sa Majesté trouve bon aussi de faire payer au Capitaine la somme de cent quarante-deux livres deux sols par mois, pour appointer les Porte-outils, & les plus anciens & plus apparens Soldats de sa compagnie. Au moyen de quoi ledit Capitaine doit avoir & entretenir un Lieutenant, à raison de cent cinquante livres par mois, un second Lieutenant à cent vingt livres, un Sous-lieutenant à quatre-vingt-dix livres, & trois Enseignes à soixante-quinze livres chacun, deux Sergens à trente-cinq livres chacun, trois autres à trente livres, & trois autres à vingt-cinq livres, un Chirurgien à trente livres, quatre Trabans, six Tambours, un Fifre, six Caporaux, six Appointés, & cent quatre-vingt-seize Soldats: Sa Majesté a aussi réglé qu'outre les Officiers ci-dessus les Capitaines qui auront des régimens seront tenus d'avoir un Capitaine-lieutenant pour commander leur compagnie, qu'ils payeront à raison de deux cens livres par mois.

Les Officiers de l'Etat-major, & ceux de la Compagnie générale dudit régiment des Gardes-suisses, continueront à être payez suivant les états & ordres que Sa Majesté fera expédier.

Etat-major du régiment, & Officiers de la Compagnie Générale.

III.

INFANTERIE FRANÇOISE.

A l'égard des troupes d'Infanterie françoise, y compris le régiment des Gardes de Lorraine, chaque bataillon composé de dix-sept compagnies, dont une de Grenadiers de quarante-cinq hommes, & seize de Fusiliers de quarante hommes chacune, sera payée, sçavoir, celle de Grenadiers, sur le pied de quatre livres six deniers par jour au Capitaine, trente-quatre sols dix deniers au Lieutenant, y compris deux sols dix deniers de supplément; vingt sols au Sous-lieutenant, douze sols à chacun des deux Sergens, huit sols six deniers à chacun des trois Caporaux, sept sols six deniers à chacun des trois Anspessades, six sols six deniers à chacun des trente-six Grenadiers & un Tambour; & six sols six deniers pour chacune des trois payes de gratification que le Capitaine doit recevoir, sa compagnie étant à quarante-quatre & quarante-cinq hommes; deux desdites payes, la compagnie étant à quarante-un, quarante-deux & quarante-trois, une seulement lorsqu'elle ne sera qu'à quarante, & rien au-dessous dudit nombre.

Compagnies de Grenadiers.

Le Capitaine de Grenadiers, au moyen du traitement ci-dessus, payera vingt-cinq livres de chaque Soldat qui sera tiré dans le régiment pour entrer dans sa compagnie.

Soldats tirez pour les Grenadiers.

Chacune des seize compagnies de Fusiliers sera payée sur le pied par jour de trois livres six sols huit deniers au Capitaine, y compris seize sols huit deniers de supplément; vingt-deux sols dix deniers au Lieutenant, y compris deux sols dix deniers de supplément; onze sols à chacun des deux Sergens, sept sols six deniers à chacun des trois Caporaux, six sols six deniers à chacun des trois Anspessades, cinq sols

Compagnies de Fusiliers.

ſix deniers à chacun des trente-un Fuſiliers & un Tambour. Le Capitaine, outre l'appointement ci-deſſus, recevra trois payes de gratification de cinq ſols ſix deniers chacune, lorſque ſa compagnie ſe trouvera de trente-neuf & de quarante hommes; deux deſdites payes lorſqu'elle ſera à trente-ſix, trente-ſept & trente-huit, une ſeulement à trente-cinq; n'en pouvant prétendre aucune, ſa compagnie étant au deſſous dudit nombre de trente-cinq hommes.

Capitaines-poſtiches des régimens de Limoſin, Bourgogne, Médoc & Ponthieu.

Les Capitaines Poſtiches qui ont commandé les compagnies dans les nouveaux bataillons des régimens de Limoſin, Bourgogne, Médoc & Ponthieu, pendant l'abſence des titulaires priſonniers de guerre, & qui depuis l'échange de ces titulaires & en conſéquence de l'article III de l'ordonnance du 25 août 1745, ont paſſé à des lieutenances vacantes dans les compagnies de ces régimens, avec le titre de Capitaine-lieutenant, continueront à recevoir les quarante-deux ſols d'appointemens par jour qui leur ont été réglez par ladite ordonnance, tant qu'ils ſerviront en ladite qualité, en paſſant préſens aux revûes des Commiſſaires des guerres, ſans tirer à conſéquence pour leurs ſucceſſeurs, leſquels n'auront que le titre de Lieutenant, & ne recevront que les appointemens ordinaires, attachez à ce grade, ſur le pied de vingt-deux ſols dix deniers par jour.

Soldats ſurnuméraires du régiment du Roy.

Les cinq hommes ſurnuméraires que Sa Majeſté a bien voulu par ſon ordonnance du 7 ſeptembre 1741, entretenir au delà du complet en chacune des ſoixante-huit compagnies de ſon régiment d'Infanterie, ſans tirer à conſéquence pour les autres régimens, continueront à recevoir leur ſolde ſur le pied de ſix ſols ſix deniers par jour à chaque Grenadier, & de cinq ſols ſix deniers à chaque Fuſilier qui ſera préſent aux revûes des Commiſſaires des guerres, juſqu'audit nombre de cinq par compagnie; ſans que cela produiſe aucune augmentation dans les haute-payes, ni dans les payes de gratification deſdites compagnies.

Enſeignes &

L'Enſeigne qui eſt en chacune des compagnies Colonelle & Lieutenante-

& Lieutenante-colonelle, le Lieutenant en fecond qui eft confervé dans la troifième compagnie de Fufiliers des bataillons colonels, & les trois Lieutenans en fecond auffi confervez dans les trois premières compagnies de Fufiliers des fecond, troifième, quatrième & cinquième bataillons, fur le pied d'un dans chacune defdites trois premières compagnies, feront payez, fçavoir, chaque Enfeigne fur le pied par jour de dix-fept fols dix deniers, y compris deux fols dix deniers de fupplément; & chaque Lieutenant en fecond, fur celui de treize fols quatre deniers auffi par jour.

Lieutenans en fecond, confervez avec appointemens.

Les Officiers de l'Etat-major de chaque régiment d'Infanterie françoife, y compris ceux où il y a Prévôté, feront payez fur le pied de trente-trois fols quatre deniers par jour au Colonel, quarante-cinq fols au Lieutenant-colonel, y compris vingt-cinq fols de fupplément, outre leurs appointemens de Capitaine; trois livres fix fols huit deniers au Major, y compris feize fols huit deniers de fupplément, trente-fix fols deux deniers à l'Aide-major, y compris deux fols dix deniers de fupplément; vingt fols au Maréchal des logis, & dix fols à chacun des Aumônier & Chirurgien.

Etat-major.

Les Officiers de la Prévôté qui eft en chacun des régimens de Picardie, Champagne, Navarre, Piedmont, Normandie, la Marine, la Tour-du-Pin ci-devant Crillon, Bourbonnois, Auvergne, Monaco, Mailly, du Roy, Royal, Lyonnois, Dauphin, Anjou, Eu, la Reine, Royal-des-Vaiffeaux, Orléans, la Couronne, Artois, Royal-Rouffillon, Condé, Bourbon, Royal-la-Marine, Royal-Comtois, Rohan-Rochefort, Nice, Penthiévre, Chartres, Conty, Enghien & Gardes de Lorraine, feront payez fur le pied par jour de vingt-fix fols huit deniers au Prévôt, treize fols quatre deniers à fon Lieutenant, huit fols quatre deniers au Greffier, & cinq fols à chacun des cinq Archers & à l'Exécuteur de juftice.

Prévôté en trente-quatre régimens.

Le Commandant de bataillon qui n'eft point chef de régiment, aura trente-fix fols huit deniers par jour, dont

Commandant & Aide-major de bataillon.

feize fols huit deniers de fupplément, outre fes appointemens de Capitaine; & l'Aide-major de chacun defdits bataillons, même le cinquième qui eft dans le premier bataillon du régiment du Roy, recevra trente-fix fols deux deniers, auffi par jour, y compris deux fols dix deniers de fupplément : Voulant Sa Majefté que l'augmentation ci-deffus mentionnée, continue d'être payée ainfi qu'il eft réglé par l'ordonnance du 20 avril 1722.

Officiers réformez, à la fuite des régimens.

Les Capitaines & Lieutenans réformez d'Infanterie, auxquels, en conformité de l'ordonnance du 25 juin 1725 Sa Majefté a fait expédier fes ordres fignez du Secrétaire d'état de la guerre, pour fervir à la fuite des régimens, feront payez en paffant préfens aux revûes, fur le pied de trente-fept livres dix fols par mois à chaque Capitaine, & vingt livres à chaque Lieutenant.

Maffe.

Outre la folde ci-deffus réglée pour les Sergens, Caporaux, Anfpeffades, Grenadiers, Soldats & Tambours, qui leur fera payée fans aucune retenue, au moyen de quoi ils doivent s'entretenir de linge & de chauffure, il fera donné vingt deniers par jour pour chaque Sergent, & dix deniers pour chacun des autres, même des trois cens quarante Soldats furnuméraires que Sa Majefté a bien voulu entretenir dans fon régiment d'Infanterie, qui formeront une Maffe toûjours complète pour chaque bataillon, fans avoir égard aux hommes qui pourroient manquer dans les compagnies; laquelle demeurera entre les mains du Tréforier, qui en donnera fes reconnoiffances à la fin de l'année, au Major ou Officier chargé du détail du régiment ou bataillon, en deux billets, l'un à titre de Groffe Maffe, fur le pied de douze deniers par Sergent & fix deniers par Soldat, & l'autre à titre de Petite Maffe, à raifon de huit deniers par Sergent & de quatre deniers par Soldat; laquelle Maffe fera remife fur la main-levée des Directeur ou Infpecteurs généraux, à ceux qui auront fait les fournitures de l'habillement & équipement defdits régimens ou bataillons.

Veut Sa Majefté que ce nouvel arrangement ait lieu à commencer du premier janvier 1747, & qu'il en foit ufé jusqu'au dernier décembre 1746 comme par le passé.

ROYAL-ARTILLERIE.

Compagnies de Sappeurs.

Les huit compagnies de chacun des cinq bataillons du régiment Royal-Artillerie, composées de cent hommes chacune, seront payées sur le pied par jour, sçavoir, celles de Sappeurs, composées chacune du Capitaine en pied, d'un Capitaine en second, d'un premier Lieutenant, d'un Lieutenant en second, deux Sous-lieutenans, deux Cadets, quatre Sergens, deux Tambours, quatre Caporaux, quatre Anspessades & quatre-vingt-quatre Sappeurs, & payées par jour, sçavoir, sept livres un sol au Capitaine en pied, trois livres au Capitaine en second, cinquante sols au premier Lieutenant, quarante sols au Lieutenant en second, trente sols à chacun des deux Sous-lieutenans, douze sols à chacun des deux Cadets, vingt sols six deniers à chacun des quatre Sergens, quatorze sols six deniers à chacun des quatre Caporaux, onze sols six deniers à chacun des quatre Anspessades, neuf sols six deniers à chacun de dix-huit des quatre-vingt-quatre Sappeurs, sept sols à chacun des soixante-six autres Sappeurs, & neuf sols six deniers à chacun des deux Tambours. Il sera accordé en outre sept sols pour chacune des dix payes de gratification que Sa Majesté accorde au Capitaine, sur le pied des gradations portées ci-après pour les compagnies de Canonniers & de Bombardiers.

Compagnies de Canonniers.

Les cinq compagnies de Canonniers de chaque bataillon, seront composées chacune d'un Capitaine en pied, d'un Capitaine en second, d'un premier Lieutenant, un Lieutenant en second, deux Sous-lieutenans, deux Cadets, quatre Sergens, deux Tambours, quatre Caporaux, quatre Anspessades & quatre-vingt-quatre Canonniers, & payées par jour, sçavoir, sept livres un sol au Capitaine en pied, trois livres au Capitaine en second, cinquante sols au premier Lieutenant, quarante sols au Lieutenant en second, trente sols à chacun des deux Sous-lieutenans, douze sols à chacun des deux Cadets, vingt sols six deniers à chacun des quatre Sergens, quatorze sols six deniers à chacun des quatre Caporaux, onze sols six deniers à chacun des quatre

Anſpeſſades, neuf ſols ſix deniers à chacun de dix-huit des quatre-vingt-quatre Canonniers, ſept ſols à chacun de dix-huit autres, & ſix ſols à chacun des quarante-huit Canonniers reſtans, & neuf ſols ſix deniers à chacun des deux Tambours: il ſera accordé de plus ſix ſols pour chacune des dix payes de gratification, ſur le pied des gradations portées par l'article ci-après.

Compagnies de Bombardiers.

Les deux compagnies de Bombardiers de chaque bataillon, ſeront compoſées chacune d'un Capitaine en pied, un Capitaine en ſecond, un premier Lieutenant, un Lieutenant en ſecond, deux Sous-lieutenans, deux Cadets, quatre Sergens, deux Tambours, quatre Caporaux, quatre Anſpeſſades, ſeize Artificiers-Bombardiers, & ſoixante-huit Bombardiers, & payées par jour, ſçavoir, ſept livres un ſol au Capitaine en pied, trois livres au Capitaine en ſecond, cinquante ſols au premier Lieutenant, quarante ſols au Lieutenant en ſecond, trente ſols à chacun des deux Sous-lieutenans, douze ſols à chacun des deux Cadets, vingt ſols ſix deniers à chacun des quatre Sergens, quatorze ſols ſix deniers à chacun des quatre Caporaux, onze ſols ſix deniers à chacun des quatre Anſpeſſades, quinze ſols à chacun de quatre des ſeize Artificiers-Bombardiers, douze ſols à chacun de ſix autres, & dix ſols auſſi à chacun des ſix autres Artificiers-Bombardiers: entendant Sa Majeſté que l'augmentation de paye ſoit donnée ſeulement à ceux d'entr'eux qui ſe diſtingueront par leur zèle & capacité dans leur métier, & non à la ſimple ancienneté du ſervice; neuf ſols ſix deniers à chacun de douze des ſoixante-huit Bombardiers, ſept ſols à chacun de douze autres, & ſix ſols à chacun des quarante-quatre Bombardiers reſtans, & neuf ſols ſix deniers à chacun des deux Tambours: il ſera donné de plus ſix ſols pour chacune des dix payes de gratification que Sa Majeſté accorde au Capitaine de chaque compagnie de Canonniers & de Bombardiers, ſa compagnie étant de quatre-vingt-quinze hommes juſqu'à cent, huit deſdites payes de quatre-vingt-dix à quatre-vingt-quatorze, ſix de quatre-vingt-cinq à quatre-vingt-neuf,

neuf, quatre de quatre-vingt à quatre-vingt-quatre, deux de soixante-quinze à soixante-dix-neuf, & une seulement de soixante-dix à soixante-quatorze; le Capitaine n'en pouvant prétendre aucune, sa compagnie étant au dessous dudit nombre de soixante-dix hommes.

Etat-major des bataillons du régiment Royal-Artillerie.

L'Etat-major de chacun desdits bataillons sera payé à raison de six livres deux sols deux deniers au Lieutenant-colonel, outre ses appointemens de Capitaine; neuf livres trois sols trois deniers au Major, six livres deux sols deux deniers à l'Aide-major, cinquante sols au Sous-aide-major, & dix sols à chacun des Aumônier & Chirurgien.

Il sera payé par jour cinq livres au Colonel-lieutenant dudit régiment, sçavoir, cinquante-cinq sols pour ses appointemens en ladite qualité, & quarante-cinq sols pour lui tenir lieu de la Prévôté que Sa Majesté a jugé à propos de supprimer, ainsi que le Maréchal des logis, pour lequel traitement il sera expédié des ordonnances particulières payables à Paris.

Mineurs.

Les cinq compagnies de Mineurs qui doivent servir séparément ou avec les cinq bataillons, portées par ordonnance du 10 août 1745 à soixante-quinze hommes, par une augmentation de vingt-cinq hommes, seront payées chacune sur le pied par jour de six livres cinq sols au Capitaine en premier, trois livres au Capitaine en second, cinquante sols au premier Lieutenant, quarante sols au second Lieutenant, trente sols à chacun des deux Sous-lieutenans, douze sols à chacun des deux Cadets, vingt sols six deniers à chacun des quatre Sergens, quatorze sols six deniers à chacun des quatre Caporaux, onze sols six deniers à chacun des quatre Anspessades, dix sols six deniers à chacun des vingt-quatre Mineurs, sept sols à chacun des trente-cinq Apprentifs, & neuf sols six deniers à chacun des deux Tambours; & sept sols pour chacune des sept payes de gratification que Sa Majesté accorde au Capitaine sa compagnie étant composée de soixante-douze hommes & au-dessus, jusqu'au complet de soixante-quinze hommes, six desdites payes lorſqu'elle ne ſera que de ſoixante-dix à ſoixante-onze hommes, cinq à ſoixante-huit & ſoixante-neuf, quatre à ſoixante-ſix & ſoixante-ſept, trois à ſoixante-quatre & ſoixante-cinq, deux à ſoixante-deux & ſoixante-trois, une ſeulement à ſoixante & ſoixante-un; n'en pouvant prétendre aucune ſa compagnie étant au-deſſous dudit nombre de ſoixante hommes.

Ouvriers.

Les cinq compagnies d'Ouvriers qui doivent auſſi ſervir avec leſdits bataillons, ou ſéparément, portées par ordonnance du 10 août 1745, à ſoixante hommes par une augmentation de vingt hommes, ſeront payées chacune ſur le pied par jour de ſix livres au Capitaine, quarante ſols au premier Lieutenant, trente-cinq ſols au ſecond Lieutenant, vingt-cinq ſols au Sous-lieutenant, vingt ſols à chacun des quatre Maîtres-ouvriers, dix-huit ſols à chacun des quatre Sous-maîtres-ouvriers, à vingt-quatre Ouvriers quinze ſols chacun, douze ſols à chacun des douze autres Ouvriers, dix ſols à chacun des quinze Apprentifs, & pareils dix ſols au Tambour; & dix ſols pour chacune des ſix payes de gratification que Sa Majeſté accorde au Capitaine, ſa compagnie étant compoſée de cinquante-huit hommes & au deſſus juſqu'au complet de ſoixante hommes, cinq deſdites payes lorſqu'elle ne ſera que de cinquante-ſix & cinquante-ſept, quatre à cinquante-quatre & cinquante-cinq, trois à cinquante-deux & cinquante-trois, deux à cinquante & cinquante-un, & une à quarante-huit & quarante-neuf; n'en pouvant prétendre aucune ſa compagnie étant au deſſous dudit nombre de quarante-huit hommes.

Maſſe du régiment Royal-Artillerie, & des compagnies de Mineurs & d'Ouvriers.

Outre la ſolde ci-deſſus réglée, il ſera donné, ainſi que dans les autres régimens d'Infanterie françoiſe, vingt deniers par jour pour chaque Sergent & chacun des quatre Maître-ouvriers dans les compagnies d'Ouvriers, & dix deniers pour chaque Cadet, Caporal, Anſpeſſade, Canonnier, Bombardier, Sappeur, Mineur, Sous-maître-ouvrier, Ouvrier, Apprentif, Fuſilier & Tambour, qui formeront une Maſſe toûjours complète; du produit de laquelle le Tréforier remettra de même à la fin de l'année, à commencer du premier janvier prochain, deux billets ainfi qu'il eft expliqué à l'Infanterie françoife, & le payement n'en fera fait que fur la main-levée du Directeur général des écoles d'artillerie.

Royal-Lorraine & Royal-Barrois.

Le régiment Royal-Lorraine, formé par ordonnance du 30 janvier 1744, & réduit à deux bataillons par celle du premier novembre 1745, & le régiment Royal-Barrois auffi de deux bataillons, formé par ladite ordonnance du premier novembre, chaque bataillon compofé de neuf compagnies, dont une de Grenadiers de cinquante hommes, & huit de Fufiliers de foixante-quinze hommes chacune, fera payé fur le pied par jour, fçavoir,

Compagnies de Grenadiers.

Chaque compagnie de Grenadiers, de fept livres au Capitaine, quatre livres au Capitaine en fecond, quarante fols au Lieutenant en premier, trente-cinq fols au Lieutenant en fecond, douze fols à chacun des trois Sergens, huit fols fix deniers à chacun des trois Caporaux, fept fols fix deniers à chacun des trois Anfpeffades, & fix fols fix deniers à chacun des quarante Grenadiers & un Tambour.

Compagnies de Fufiliers.

Chaque compagnie de Fufiliers fera payée fur le pied par jour de fix livres au Capitaine, trois livres dix fols au Capitaine en fecond, trente-cinq fols au Lieutenant en premier, trente fols au Lieutenant en fecond, onze fols à chacun des quatre Sergens, fept fols fix deniers à chacun des fix Caporaux, fix fols fix deniers à chacun des fix Anfpeffades, & cinq fols fix deniers à chacun des cinquante-fept Fufiliers & deux Tambours.

Enfeignes.

Il fera auffi payé par jour trente fols à chacun des trois Enfeignes qui font dans les trois premières compagnies de Fufiliers de chaque bataillon.

Etat-major avec Prévôté des deux régimens.

L'Etat-major de chacun de ces deux régimens fera payé fur le pied par jour, fçavoir, fix livres au Colonel, quatre livres au Lieutenant-colonel, quarante fols au Commandant du fecond bataillon, outre leurs appointemens de Capitaine, fix livres au Major, trois livres dix fols à chacun des deux Aide-majors, vingt fols au Maréchal des logis, dix sols à chacun des Aumônier & Chirurgien, vingt-six sols huit deniers au Prévôt, treize sols quatre deniers à son Lieutenant, huit sols quatre deniers au Greffier, & cinq sols à chacun des cinq Archers & à l'Exécuteur de justice.

WALONS.

Les régimens Royal-Walon & de Boufflers-Walon, levez par ordonnance du premier juillet 1744, composez chacun de deux bataillons, chaque bataillon de treize compagnies, dont une de Grenadiers de quarante-cinq hommes, & douze de Fusiliers de cinquante-cinq hommes chacune, seront payez, sçavoir:

Compagnies de Grenadiers.

Chaque compagnie de Grenadiers sur le pied par jour de quatre livres six deniers au Capitaine, trente-quatre sols dix deniers au Lieutenant, y compris deux sols dix deniers de supplément, vingt sols au Sous-lieutenant, douze sols à chacun des deux Sergens, huit sols six deniers à chacun des trois Caporaux, sept sols six deniers à chacun des trois Anspessades, six sols six deniers à chacun des trente-six Grenadiers & un Tambour, & six sols six deniers pour chacune des trois payes de gratification que le Capitaine recevra, sa compagnie étant à quarante-quatre & quarante-cinq hommes, deux desdites payes la compagnie étant à quarante-un, quarante-deux & quarante-trois, une seulement lorsqu'elle ne sera qu'à quarante, & rien au dessous dudit nombre.

Soldats tirez pour les Grenadiers.

Le Capitaine de Grenadiers, au moyen du traitement ci-dessus, payera vingt-cinq livres de chaque Soldat qui sera tiré dans le régiment pour entrer dans sa compagnie.

Compagnies de Fusiliers.

Chacune des douze compagnies de Fusiliers par bataillon, sera payée sur le pied par jour de trois livres six sols huit deniers au Capitaine, y compris seize sols huit deniers de supplément, vingt-deux sols dix deniers au Lieutenant, y compris deux sols dix deniers de supplément, treize sols quatre deniers au Sous-lieutenant, onze sols à chacun des trois Sergens, sept sols six deniers à chacun des trois Caporaux, six sols six deniers à chacun des cinq Anspessades, cinq sols six deniers à chacun des quarante

quarante-trois Fusiliers & un Tambour : le Capitaine, outre l'appointement ci-dessus, recevra quatre payes de gratification de cinq sols six deniers chacune, lorsque sa compagnie se trouvera de cinquante-quatre & cinquante-cinq hommes, trois desdites payes lorsqu'elle sera de cinquante-un, cinquante-deux & cinquante-trois, deux lorsqu'elle sera de quarante-huit, quarante-neuf & cinquante, & une seulement lorsqu'elle sera de quarante-cinq, quarante-six & quarante-sept, n'en pouvant prétendre aucune sa compagnie étant au dessous dudit nombre de quarante-cinq hommes.

Soldats Charpentiers.

Le Soldat Charpentier entretenu dans chacune des six premières compagnies de Fusiliers de chaque bataillon, recevra six deniers par jour d'augmentation de solde.

Enseignes.

L'Enseigne qui est en chacune des compagnies Colonelle & Lieutenante-colonelle, au lieu d'un Sous-lieutenant, sera payé par jour de dix-sept sols dix deniers, y compris deux sols dix deniers de supplément.

Etat-major.

Les Officiers de l'Etat-major de chacun desdits deux régimens, seront payez sur le pied de trente-trois sols quatre deniers par jour au Colonel, quarante-cinq sols au Lieutenant-colonel, y compris vingt-cinq sols de supplément, outre leurs appointemens de Capitaine; trois livres six sols huit deniers au Major, y compris seize sols huit deniers de supplément; trente-six sols deux deniers à l'Aide-major, y compris deux sols dix deniers de supplément; vingt sols au Maréchal des logis, & dix sols à chacun des Aumônier & Chirurgien.

Commandans & Aide-majors des seconds bataillons.

Le Commandant du second bataillon de chacun desdits régimens, sera payé sur le pied par jour de trente-six sols huit deniers, y compris seize sols huit deniers de supplément, outre ses appointemens de Capitaine; & l'Aide-major desdits bataillons, de trente-six sols deux deniers aussi par jour, y compris deux sols dix deniers de supplément.

Masse des régimens Royal-Lorraine, Royal-Barrois & des régimens Walons.

Outre la solde ci-dessus, il sera donné vingt deniers par jour pour chaque Sergent, & dix deniers pour chaque Caporal, Anspessade, Grenadier, Fusilier & Tambour, qui formeront une Maſſe toûjours compléte; du produit de laquelle le Tréſorier remettra à la fin de l'année, à commencer du premier janvier prochain, deux billets ainſi qu'il eſt expliqué à l'article de l'Infanterie françoiſe.

FUSILIERS de MONTAGNE.

Compagnies.

Les douze compagnies de chacun des deux bataillons de Fuſiliers de Montagne, levez en Rouſſillon en conſéquence de l'ordonnance du 12 février 1744, de cinquante hommes chacune, ſans les Officiers, ſeront payées à raiſon de trois livres par jour au Capitaine, ſa compagnie étant à cinquante hommes effectifs, ſans les Officiers; cinquante ſols lorſqu'elle ſera de quarante-deux juſqu'à quarante-neuf, quarante-cinq ſols lorſqu'elle ſera de trente-cinq juſqu'à quarante-un, & quarante ſols ſeulement lorſqu'elle ne ſera qu'à trente-quatre hommes & au deſſous, les Officiers non compris; trente ſols au Lieutenant, vingt-cinq ſols au Lieutenant en ſecond de chaque première compagnie de bataillon, quinze ſols à chacun des deux Brigadiers, onze ſols à chacun des deux Sous-brigadiers, & neuf ſols à chacun des quarante-cinq Fuſiliers & un Tambour.

Etat-major.

Le Commandant de chaque bataillon recevra quarante ſols par jour outre ſes appointemens de Capitaine, l'Aide-major cinquante ſols, l'Aumônier trente ſols, & le Chirurgien vingt-cinq ſols; le Colonel commandant leſdits bataillons dix livres auſſi par jour, & le Major deſdits deux bataillons cinq livres.

MILICES.

Chacun des cent douze bataillons de Milice levez dans les provinces du royaume, y compris les trois de la ville de Paris, & les neuf qui forment les trois régimens de la Milice de Lorraine & de Bar, compoſé de dix compagnies, ſera payé ſur le pied par jour, ſçavoir:

Compagnie de Grenadiers.

La compagnie de Grenadiers de cinquante hommes, à raiſon de quatre livres au Capitaine, trente-deux ſols au premier Lieutenant, vingt ſols au ſecond Lieutenant, douze ſols à chacun des deux Sergens, huit ſols ſix deniers à chacun des trois Caporaux, ſept ſols ſix deniers à chacun des trois Anſpeſſades, ſix ſols ſix deniers à chacun des quarante-un Grenadiers, & huit ſols ſix deniers au Tambour, qui à ce moyen entretiendra sa caisse de peaux & cordages, & se fournira de baguettes.

Compagnie de Grenadiers-postiches.

Celle de Grenadiers-postiches, de cinquante-six hommes, à raison de trois livres dix sols au Capitaine, vingt-cinq sols au Lieutenant, onze sols à chacun des trois Sergens, sept sols six deniers à chacun des trois Caporaux, six sols six deniers à chacun des trois Anspessades, cinq sols six deniers à chacun des quarante-six Grenadiers-postiches, & sept sols six deniers au Tambour, qui à ce moyen entretiendra sa caisse de peaux & cordages, & se fournira de baguettes.

Compagnies de Fusiliers.

Et chacune des huit compagnies de Fusiliers, de soixante-huit hommes, à raison de trois livres cinq sols au Capitaine, vingt sols au Lieutenant, onze sols à chacun des trois Sergens, sept sols six deniers à chacun des quatre Caporaux, six sols six deniers à chacun des quatre Anspessades, cinq sols six deniers à chacun des cinquante-six Fusiliers, & sept sols six deniers au Tambour, qui à ce moyen entretiendra sa caisse de peaux & de cordages, & se fournira de baguettes.

Capitaines en second.

Les Capitaines en second qui subsisteront à la suite des premières compagnies de Fusiliers de quelques bataillons, où ils ont été entretenus en conséquence de l'ordonnance du 15 septembre 1744, recevront chacun trois livres par jour jusqu'à ce qu'il y ait des compagnies vacantes dont ils puissent prendre le commandement.

Etat-major des cent trois bataillons de Milice, y compris ceux de Paris.

Il sera payé, aussi par jour, trente sols au Lieutenant-Colonel, & où il n'y en aura pas, au Capitaine-Commandant de chaque bataillon, outre ses appointemens de Capitaine, & cinquante sols à l'Aide-major; & lorsque ce dernier se trouvera avoir la commission de Capitaine, ses appointemens lui seront payez sur le pied de trois livres par jour.

Etat-major de chacun des trois régimens de Milice de Lorraine.

Les Officiers de l'Etat-major de chacun des trois régimens de Milice de Lorraine, seront payez sur le pied par jour de quarante sols au Colonel, trente sols à chaque Commandant de bataillon, outre leurs appointemens de

Capitaine, trois livres cinq sols à chaque Major, & cinquante sols à chaque Aide-major; & lorsque ce dernier se trouvera avoir la commission de Capitaine, ses appointemens lui seront payez sur le pied de trois livres par jour.

Retenue sur la solde, pour linge & chaussure des Milices.

Ordonne Sa Majesté qu'il soit retenu sur la solde, un sol par jour à chaque Sergent, & six deniers à chaque Caporal, Anspessade, Grenadier, Fusilier & Tambour, pour faire une Masse qui sera remise entre les mains de l'Aide-major, pour leur être délivrée & employée par les soins des Commissaires des guerres, à les fournir de linge & de chaussure.

TROUPES BOULONNOISES.

Compagnie de Grenadiers.

Les régimens des troupes Boulonnoises, composez chacun de treize compagnies, seront payez pendant qu'ils serviront dans les places, sçavoir, la compagnie de Grenadiers de quarante-cinq hommes, sur le pied par jour de quatre livres six deniers au Capitaine, trente-quatre sols dix deniers au Lieutenant, douze sols à chacun des deux Sergens, huit sols six deniers à chacun des trois Caporaux, sept sols six deniers à chacun des trois Anspessades, six sols six deniers à chacun des trente-six Grenadiers & au Tambour; & six sols six deniers pour chacune des trois payes de gratification que le Capitaine doit recevoir, sa compagnie étant de quarante-cinq & quarante-quatre hommes, deux desdites payes la compagnie étant à quarante-un, quarante-deux & quarante-trois, une seulement lorsqu'elle ne sera qu'à quarante, & rien au dessous dudit nombre.

Compagnies de Fusiliers.

Chacune des douze compagnies de Fusiliers, composée de quarante hommes, sera payée à raison par jour de trois livres six sols huit deniers au Capitaine, vingt-deux sols dix deniers au Lieutenant, onze sols à chacun des deux Sergens, sept sols six deniers à chacun des trois Caporaux, six sols six deniers à chacun des trois Anspessades, & cinq sols six deniers à chacun des trente-un Fusiliers & un Tambour: le Capitaine, outre l'appointement ci-dessus, recevra trois payes de gratification de cinq sols six deniers chacune, lorsque sa compagnie se trouvera composée de

quarante

quarante & trente-neuf hommes, deux desdites payes lorsqu'elle sera à trente-six, trente-sept & trente-huit hommes, une seulement à trente-cinq; n'en pouvant prétendre aucune, sa compagnie étant au dessous dudit nombre de trente-cinq hommes.

Enseignes.

L'Enseigne qui est en chacune des compagnies Colonelle & Lieutenante-colonelle, sera payé sur le pied par jour de dix-sept sols dix deniers.

Etat-major.

Les Officiers de l'Etat-major de chacun desdits régimens, seront payez sur le pied par jour de trente-trois sols quatre deniers au Colonel, quarante-cinq sols au Lieutenant-colonel, outre leurs appointemens de Capitaine; trois livres six sols huit deniers au Major, trente-six sols deux deniers à l'Aide-major, vingt sols au Maréchal-des-logis, & dix sols à chacun des Aumônier & Chirurgien.

Masse des troupes Boulonnoises.

Outre la solde ci-dessus réglée pour les Sergens, Caporaux, Anspessades, Grenadiers, Soldats & Tambours, qui leur sera payée sans aucune retenue, au moyen de quoi ils doivent s'entretenir de linge & de chaussure, il sera donné vingt deniers par jour pour chaque Sergent, & dix deniers pour chacun des autres, qui formeront une Masse toûjours complète pour chaque bataillon, sans avoir égard aux hommes qui pourroient manquer dans les compagnies; laquelle demeurera entre les mains du Trésorier, qui en donnera ses reconnoissances à la fin de l'année, au Major ou autre Officier chargé du détail du régiment, en deux billets, ainsi qu'il est expliqué à l'article de l'Infanterie françoise, pour être ladite Masse employée à l'habillement & équipemens desdits régimens, & remise sur la main-levée de l'Inspecteur desdites troupes Boulonnoises.

Compagnie de Dreux.

La compagnie de Dreux, qui est aux Isles Sainte-Marguerite & Saint-Honorat, composée d'un Capitaine, deux Lieutenans, deux Sergens, un Caporal, un Anspessade, trente Soldats & un Tambour, sera payée sur le pied par jour de quatorze livres trois sols quatre deniers au Capitaine, y compris onze livres cinq sols d'augmentation;

trois livres trois sols quatre deniers à chacun des deux Lieutenans, y compris trente-trois sols quatre deniers d'augmentation; douze sols à chacun des deux Sergens, huit sols au Caporal, sept sols à l'Anspessade, six sols à chacun des trente Soldats & au Tambour; & le Chapelain qui est avec ladite compagnie, recevra seize sols huit deniers par jour.

COMPAGNIE d'ARQUEBUSIERS D'AYGOIN.

La compagnie d'Arquebusiers d'Aygoin, de soixante hommes, levée en Roussillon en conséquence de l'ordonnance particulière du 10 février 1739, continuera d'être payée sur le pied par jour de cinq livres au Capitaine, trente sols à chacun des premier & second Lieutenans, quinze sols à chacun des trois Brigadiers, & neuf sols à chacun des cinquante-cinq Arquebusiers & deux Tambours.

Retenue pour l'habillement de la compagnie.

Il sera retenu pour l'habillement des Officiers & Arquebusiers de ladite compagnie, vingt sols par jour sur les appointemens du Capitaine, dix sols sur ceux de chaque Lieutenant, quatre sols sur la solde de chaque Brigadier, & deux sols sur celle de chaque Arquebusier & Tambour; laquelle retenue demeurera entre les mains du Commis de l'Extraordinaire des guerres en Roussillon, qui en donnera sa reconnoissance mois par mois au Capitaine de ladite compagnie, & il n'en remettra le fonds que sur la mainlevée de l'Intendant de ladite province de Roussillon.

INVALIDES.

Les compagnies détachées de l'Hôtel royal des Invalides, de soixante hommes chacune, seront payées, à la réserve de celles dont il sera parlé ci-après, sur le pied par jour de cinquante sols au Capitaine, de vingt sols à chaque Lieutenant, dix sols à chacun des trois Sergens, sept sols à chacun des trois Caporaux, six sols à chacun des trois Anspessades, & cinq sols à chacun des cinquante Soldats & un Tambour: s'il se trouve des surnuméraires dans lesdites compagnies, les Commissaires des guerres les comprendront dans leurs revûes, & ils continueront d'être payez comme il a été réglé par l'Ordonnance du 22 juin 1737, de cinq sols de solde par jour.

Compagnie

La compagnie de Dupuy, de quatre-vingts hommes,

recevra le même traitement porté ci-dessus pour les compagnies dudit Hôtel de soixante hommes, & les vingt hommes d'augmentation seront payez sur le pied de cinq sols par jour chacun.

de Dupuy de quatre-vingts hommes.

La compagnie de Saint-Julien, en garnison au château de Dijon, & celle de Ferrand en garnison au fort de l'Ecluse, portées jusqu'à cent hommes chacune par ordonnances particulières des 15 octobre 1740 & 15 novembre 1746, seront payées sur le pied par jour de cinquante sols au Capitaine, de vingt sols à chacun des cinq Lieutenans, dix sols à chacun des trois Sergens, sept sols à chacun des trois Caporaux, six sols à chacun des trois Anspessades, & cinq sols à chacun des quatre-vingt-onze Fusiliers, compris deux Tambours de chaque compagnie.

Compagnies de Saint-Julien & de Ferraud, de cent hommes chacune.

Les compagnies de Chazal & de Beausoleil, de bas-Officiers, de cent cinquante hommes chacune, seront payées sur le pied par jour de cinquante sols au Capitaine, pareils cinquante sols au Capitaine en second, vingt sols à chacun des six Lieutenans, douze sols à chacun des six Sergens, neuf sols à chacun des six Caporaux, huit sols à chacun des six Anspessades, & sept sols à chacun des cent trente Fusiliers & deux Tambours.

Compagnies de bas-Officiers de Chazal & de Beausoleil, de cent cinquante hommes chacune.

Les compagnies de d'Autanne, Bruchet & l'Arzillier, aussi de bas-Officiers, qui servent à Luneville à la garde à pied du Roy de Pologne, composées chacune de cent quarante hommes, seront payées sur le pied par jour de trois livres au Capitaine, trente sols à chacun des trois Lieutenans, douze sols à chacun des six Sergens, neuf sols à chacun des six Caporaux, huit sols à chacun des six Anspessades, & sept sols à chacun des cent dix-huit Fusiliers & quatre Tambours; & le sieur la Croisette Aide-major, chargé du détail desdites compagnies, sera payé sur le pied de trois livres aussi par jour.

Compagnies de bas-Officiers de d'Autanne, Bruchet & l'Arzillier, de cent quarante hommes chacune.

La compagnie de d'Apremont ci-devant Dornet, de bas-Officiers, composée de soixante-dix hommes, sera payée sur le pied par jour de cinquante sols au Capitaine, vingt sols à chacun des deux Lieutenans, douze sols à

Compagnie de bas-Officiers de d'Apremont, de soixante-dix hommes.

chacun des trois Sergens, neuf sols à chacun des trois Caporaux, huit sols à chacun des trois Anspessades, & sept sols à chacun des soixante-un Fusiliers, compris un Tambour.

Compagnie de bas-Officiers de Juillet, de quatre-vingts hommes.

La compagnie de bas-Officiers de Juillet ci-devant d'Apremont, composée de quatre-vingts hommes, sera payée sur le pied par jour de cinquante sols au Capitaine, vingt sols à chacun des quatre Lieutenans, douze sols à chacun des quatre Sergens, neuf sols à chacun des quatre Caporaux, huit sols à chacun des quatre Anspessades, & sept sols à chacun des soixante-huit Fusiliers, compris un Tambour.

Compagnies de Merciére & de Dumont, de cent hommes chacune.

Les compagnies de Merciére & de Dumont, chacune de cent hommes, seront payées en conséquence des ordonnances particulières des 17 mai 1744 & premier mars 1745, sur le pied par jour de cinquante sols au Capitaine en pied, pareils cinquante sols au Capitaine en second, vingt sols à chacun des cinq Lieutenans, douze sols à chacun des quatre Sergens, neuf sols à chacun des quatre Caporaux, huit sols à chacun des quatre Anspessades, & sept sols à chacun des quatre-vingt-huit Fusiliers, compris deux Tambours de chaque compagnie.

Compagnie de bas-Officiers de le Tellier, de cent hommes.

La compagnie de bas-Officiers de le Tellier, ci-devant Jacquet, portée à cent hommes par ordonnance particulière du 31 juillet 1746, sera payée sur le pied par jour de cinquante sols au Capitaine en pied, pareils cinquante sols au Capitaine en second, vingt sols à chacun des cinq Lieutenans, douze sols à chacun des quatre Sergens, neuf sols à chacun des quatre Caporaux, huit sols à chacun des quatre Anspessades, & sept sols à chacun des quatre-vingt-six Fusiliers & deux Tambours.

Compagnie de bas-Officiers de Toucheronde, de cent hommes.

La compagnie de bas-Officiers de Toucheronde, mise aussi à cent hommes par ladite ordonnance du 31 juillet, étant de même composition, tant en Officiers, Sergens, Haute-payes, Fusiliers & Tambours, que celle de le Tellier, sera payée sur le même pied ci-dessus détaillé pour cette compagnie.

Le

RÉGIMENT D'ARQUEBUSIERS de GRASSIN.

Le régiment d'Arquebusiers de Grassin, levé par ordonnance du premier janvier 1744, & augmenté par celles du 25 décembre suivant, & 20 mai 1745, jusqu'à quinze cens hommes, dont mille à pied & cinq cens à cheval, sera payé, sçavoir,

Compagnies de Grenadiers.

Chacune des deux compagnies de Grenadiers composée de cinquante hommes, sur le pied par jour de six livres au Capitaine en pied, cinquante sols au Capitaine en second, quarante sols au premier Lieutenant, vingt-cinq sols au Lieutenant en second, douze sols à chacun des deux Sergens, huit sols six deniers à chacun des trois Caporaux, sept sols six deniers à chacun des trois Anspessades, & six sols six deniers à chacun des quarante-un Grenadiers & un Tambour. Le Capitaine touchera de plus quatre payes de gratification de six sols six deniers chacune, sa compagnie étant de quarante-huit jusqu'au complet de cinquante, trois desdites payes à quarante six & quarante-sept, deux à quarante-quatre & quarante-cinq, une seulement à quarante-deux & quarante-trois, & rien au dessous dudit nombre de quarante-deux.

Compagnies de Fusiliers de cent hommes.

Chacune des neuf compagnies de Fusiliers, sur le pied par jour de cinq livres au Capitaine en pied, cinquante sols au Capitaine en second, trente sols au premier Lieutenant, vingt sols au Lieutenant en second, seize sols huit deniers au Lieutenant réformé, onze sols à chacun des quatre Sergens, dix sols au Fourrier & à chacun des deux Cadets, neuf sols au Capitaine d'armes, sept sols six deniers à chacun des quatre Caporaux, six sols six deniers à chacun des quatre Anspessades, & cinq sols six deniers à chacun des quatre-vingt-deux Arquebusiers & deux Tambours: il sera de plus accordé au Capitaine huit payes de gratification de cinq sols six deniers chacune, sa compagnie étant au nombre de cent hommes; sept, de quatre-vingt-quinze à quatre-vingt-dix-neuf; six, de quatre-vingt-dix à quatre-vingt-quatorze; cinq, de quatre-vingt-cinq à quatre-vingt-neuf, & quatre seulement de quatre-vingt à quatre-vingt-quatre; le Capitaine n'en devant prétendre aucune sa compagnie étant au-dessous dudit nombre de quatre-vingt.

Compagnies à cheval.

Les cinq cens hommes à cheval formant huit compagnies, la Colonelle & Lieutenante-colonelle de cent hommes, & les six autres de cinquante hommes, seront payées, sçavoir :

Colonelle & Lieutenante-colonelle.

Chacune des deux premières compagnies, sur le pied par jour de huit livres au Capitaine en premier, quatre livres au premier Capitaine en second, trois livres dix sols à l'autre Capitaine en second, trois livres au premier Lieutenant, cinquante sols au Lieutenant en second, quarante-cinq sols au Cornette, vingt-six sols huit deniers à chacun des deux Maréchaux des logis, quatorze sols à chacun des quatre Cadets, neuf sols à chacun des six Brigadiers, & sept sols à chacun des quatre-vingt-huit Arquebusiers & deux Trompettes ou Tambours.

Autres compagnies.

Chacune des six autres compagnies, sur le pied par jour de six livres au Capitaine, trois livres au Lieutenant, quarante-cinq sols au Cornette, vingt-six sols huit deniers au Maréchal des logis, quatorze sols à chacun des deux Cadets, neuf sols à chacun des trois Brigadiers, & sept sols à chacun des quarante-quatre Arquebusiers & au Trompette ou Tambour.

Etat-major.

Quant à l'Etat-major dudit régiment, il sera payé au Colonel trois livres six sols huit deniers, quarante sols au Lieutenant-colonel, outre ce qu'ils doivent recevoir comme Capitaine, six livres au Major, trois livres à chacun des deux Aide-majors d'Infanterie & à celui de Cavalerie, trente sols à l'Aumônier, & vingt sols au Chirurgien.

Masse du régiment d'Arquebusiers de Grassin.

Outre la solde ci-dessus, il sera fait un fonds pour la masse sur le pied complet, à raison de vingt deniers par jour pour chaque Sergent, & dix deniers pour chaque Fourrier, Capitaine d'armes, Cadet, Caporal, Anspessade, Grenadier, Arquebusier, Tambour dans les compagnies à pied ; Cadet, Brigadier, Arquebusier, Trompette ou Tambour dans les compagnies à cheval, dont il sera délivré deux billets à la fin de l'année, ainsi qu'il est expliqué à l'Infanterie françoise.

Officiers réformez du régiment de Graſſin.

Le ſieur Malval entretenu à la ſuite dudit régiment en qualité de Capitaine réformé de Cavalerie par ordre du premier juin 1745, y ſera payé du jour qu'il a commencé à paſſer préſent aux revûes, ſur le pied de quarante-cinq ſols par jour.

Sa Majeſté ayant réglé par ſon ordonnance particulière du 30 janvier 1744 pour l'incorporation dans le régiment de Graſſin des compagnies franches d'Infanterie de du Limont & Vandal, que les Officiers de ces compagnies ſerviroient en leur même qualité dans ledit régiment, Elle ordonne en conſéquence que ceux ci-après dénommez y ſoient payez de leurs appointemens, à commencer du jour qu'ils ont été employez préſens ſur les revûes dudit régiment, ſçavoir, le ſieur de Kaiſair Capitaine réformé venant de la compagnie de du Limont, ſur le pied de trente ſols par jour, & les ſieurs de Corenhuiſe, de Kaiſair Lieutenans réformez venant de ladite compagnie de du Limont, & de Vandal auſſi Lieutenant réformé venant de la compagnie de Vandal, ſur le pied chacun de ſeize ſols huit deniers par jour.

VOLONTAIRES ROYAUX.

Le corps des Volontaires-royaux, formé des compagnies franches en conſéquence de l'ordonnance du 15 août 1745, & réduit par celle particulière du 18 novembre 1746. à deux mille trois cens trente hommes, dont quatorze cens trente d'Infanterie & neuf cens Dragons, ſera payé, ſçavoir:

Compagnie de Guides.

La compagnie de cinquante Fuſiliers-guides, ſur le pied par jour de quatre livres au Capitaine, vingt-ſept ſols huit deniers au Lieutenant en pied, ſeize ſols huit deniers au Lieutenant réformé, treize ſols à chacun des deux Sergens, dix ſols ſix deniers à chacun des trois Caporaux, huit ſols ſix deniers à chacun des trois Anſpeſſades, & ſix ſols ſix deniers à chacun des quarante-un Fuſiliers-guides & un Tambour: le Capitaine recevra en outre trois payes de gratification de ſix ſols ſix deniers chacune, ſa compagnie étant compoſée de quarante-neuf ou cinquante hommes, deux lorſqu'elle ſera de quarante-ſix, quarante-sept & quarante-huit, une seulement à quarante-cinq, & rien au dessous dudit nombre.

Compagnie de Charpentiers & Bateliers, & entretien d'un Charretier.

La compagnie de Charpentiers & Bateliers, de soixante hommes, à raison par jour de quatre livres au Capitaine, trente-sols au Lieutenant, seize sols à chacun des deux Sergens, quatorze sols à chacun des deux Caporaux, & douze sols à chacun des vingt-huit Charpentiers & vingt-huit Bateliers : Il sera de plus entretenu en ladite compagnie un Charretier, auquel il sera payé vingt sols par jour, pour conduire une charrette attelée de trois chevaux, qui servira à porter les principaux attirails propres aux constructions qu'il y aura à faire.

L'intention de Sa Majesté est que le remplacement & l'entretien des trois chevaux & de la charrette, soient à la charge du Capitaine de ladite compagnie.

Chacune des deux brigades, composée de onze cens dix hommes, dont six cens soixante d'Infanterie, & quatre cens cinquante Dragons, en sept compagnies, une de Grenadiers de soixante hommes, & les six autres de cent soixante-quinze hommes chacune, sçavoir, cent Fusiliers & soixante-quinze Dragons, sera payée sur le pied par jour,

Compagnie de Grenadiers.

La compagnie de Grenadiers, de six livres au Capitaine, cinquante sols au premier Lieutenant, quarante sols au Lieutenant en second, trente sols au Sous-lieutenant, quinze sols au Chirurgien, douze sols à chacun des trois Sergens, dix sols à chacun des trois Caporaux, huit sols six deniers à chacun des trois Anspessades, huit sols au Tambour, & six sols six deniers à chacun des quarante-neuf Grenadiers.

Le Capitaine de ladite compagnie payera vingt-cinq livres pour chaque homme qu'il tirera du corps, habillé, mais sans armes.

Compagnies de cent soixante-quinze hommes.

Chacune des six compagnies de cent soixante-quinze hommes, commandée par un Capitaine en pied, qui recevra dix livres par jour, sera payée, sçavoir,

Fusiliers.

Les Fusiliers, de cinquante sols aussi par jour au premier

Capitaine

Capitaine en fecond, quarante fols au fecond Capitaine en fecond, trente-cinq fols au premier Lieutenant, trente fols au Lieutenant en fecond, vingt-cinq fols au premier Sous-lieutenant, vingt fols au fecond Sous-lieutenant, douze fols au Chirurgien, dix fols au Fourrier, onze fols à chacun des fix Sergens, neuf fols fix deniers à chacun des neuf Caporaux, fept fols fix deniers à chacun des neuf Anfpeffades, fix fols fix deniers à chacun des deux Tambours, &cinq fols fix deniers à chacun des foixante-douze Fufiliers;

Dragons.

Et les Dragons, de trois livres au Capitaine en fecond, cinquante fols au premier Lieutenant, quarante fols au Lieutenant en fecond, trente-cinq fols au Sous-lieutenant, trente fols à chacun des deux Maréchaux des logis, quinze fols au Chirurgien, neuf fols fix deniers à chacun des fix Brigadiers, huit fols aux deux Tambours, & fept fols à chacun des foixante-fix Dragons.

Payes de gratification de chaque compagnie de cent foixante-quinze hommes.

Le Capitaine en pied recevra, outre fes appointemens, quatre cens livres par an pour les payes de gratification de fa compagnie d'Infanterie, dont moitié lui fera payée lorfqu'elle fera à quatre-vingt-deux hommes en entrant en garnifon, & le furplus fi elle eft compléte au premier avril fuivant.

E'tat-major & entretien de deux charretiers.

L'Etat-major de ce corps recevra par jour, fçavoir, fix livres au Major, trois livres à chacun des deux Aide-majors d'Infanterie, quatre livres à chacun des deux Aide-majors de Dragons, trente fols à l'Aumônier, pareils trente fols au Chirurgien, & vingt fols au Prevôt.

Il fera de plus entretenu deux Charretiers à vingt fols chacun par jour, à la fuite dudit corps, pour conduire deux caiffons de cartouches & de petards, attelez chacun de deux chevaux.

L'ntention de Sa Majefté eft que le remplacement de ces quatre chevaux foit à la charge des Officiers du corps, ainfi que l'entretien des caiffons & harnois.

Officiers réformez.

Les Officiers des compagnies franches pour lefquels il ne fe fera pas trouvé fuffifamment d'emplois dans ledit corps, y feront entretenus à la fuite avec les appointemens ordinaires d'Officiers réformez, fuivant leur grade, jufqu'à leur remplacement aux premières places vacantes.

Maffe. Outre la folde ci-deffus réglée il fera fait fonds pour la Maffe fur le pied complet, à raifon de vingt deniers pour chaque Sergent, & de dix deniers pour chaque Chirurgien, Fourrier, Caporal, Anfpeffade, Guide, Charpentier, Batelier, Grenadier, Fufilier & Tambour dans les compagnies d'Infanterie, & pareils dix deniers pour chaque Brigadier, Dragon ou Tambour dans les compagnies de Dragons, dont il fera délivré deux billets à la fin de l'année, ainfi qu'il eft expliqué à l'Infanterie françoife. Cette Maffe fera en commun, tant pour l'Infanterie que pour les Dragons, & il n'en fera rien délivré fous quelque prétexte que ce foit, que fur la main-levée de l'Infpecteur.

Complet. Sa Majefté ayant reconnu que la Maffe ne feroit pas fuffifante pour l'habillement de ce corps, & voulant bien le favorifer par des confidérations particulières, elle ordonne (fans tirer à conféquence pour fes troupes, foit légères ou autres) que la folde des Sergens, Chirurgiens, Fourriers, Caporaux, Anfpeffades, Guides, Charpentiers, Bateliers, Grenadiers, Fufiliers, Brigadiers, Dragons, & Tambours d'Infanterie & de Dragons, foit payée fur le pied complet, à quelque nombre que les compagnies paffent dans les revûes des Commiffaires des guerres, auxquels Sa Majefté enjoint de les faire avec la dernière exactitude; & il fera fait une maffe du revenant-bon que le complet pourra produire, dont il ne fera difpofé que fur la main-levée qu'en donnera l'Infpecteur.

Linge & Chauffure. Il fera retenu à chaque Sergent, Charpentier & Batelier dix-huit deniers par jour, à chaque Fourrier & Caporal un fol, à chaque Anfpeffade, Guide, Grenadier, Fufilier & Tambour fix deniers, à chaque Brigadier un fol, & à chaque Dragon neuf deniers, pour faire une Maffe qui fera employée à l'entretien du linge & de la chauffure, & le décompte leur en fera fait au premier avril de chaque année, dans le courant de laquelle il ne fera rien délivré de la retenue, qu'en conséquence des ordres du Commandant du corps, le fonds étant uniquement destiné à l'entretien des effectifs, sans que les Capitaines puissent en aucun cas y rien prétendre.

COMPAGNIE de CHASSEURS de FISCHER.

La compagnie franche de Chasseurs de Fischer, levée par ordonnance du premier novembre 1743, & augmentée par celles des 16 novembre 1744 & 30 janvier 1746 jusqu'au nombre de deux cens hommes, formant deux troupes d'Infanterie & de Cavalerie de cent hommes chacune, sera payée sur le pied par jour de sept livres au Capitaine: Aux Officiers servant à la tête des Chasseurs a pied, sçavoir, cinquante sols au Capitaine en second, quarante sols au second Lieutenant, trente-cinq sols au Lieutenant en second, trente sols au Lieutenant réformé, & vingt-cinq sols au Sous-lieutenant: Aux Officiers servant à la tête des Chasseurs à cheval, sçavoir, quatre livres au Capitaine en second, trois livres au Lieutenant, cinquante sols au Lieutenant en second, quarante sols au Lieutenant réformé, & trente sols au Sous-lieutenant; vingt-cinq sols à chacun des deux Maréchaux des logis, vingt sols à chacun des quatre Sergens, seize sols à chacun des six Caporaux, quatorze sols à chacun des six Anspessades, seize sols à chacun des quatre Brigadiers à cheval, & dix sols à chacun des quatre-vingt-quatre Chasseurs à pied, & quatre-vingt-seize Chasseurs à cheval, en passant présens aux revûes des Commissaires des guerres.

RÉGIMENT de FUSILIERS de la MORLIERE.

Le régiment de troupes légères de Fusiliers de la Morliere, levé par ordonnance du 16 octobre 1745, & augmenté par celle du premier décembre 1746 jusqu'à quinze cens hommes, dont mille à pied & cinq cens à à cheval, sera payé, sçavoir:

Compagnies de Grenadiers.

Chacune des deux compagnies de Grenadiers, de cinquante hommes, sur le pied par jour de six livres au Capitaine, cinquante sols au Capitaine en second, quarante sols au premier Lieutenant, vingt-cinq sols au Lieutenant en second, douze sols à chacun des deux Sergens, huit sols six deniers à chacun des trois Caporaux, sept sols six deniers à chacun des trois Anſpeſſades, & ſix ſols ſix deniers à chacun des quarante-un Grenadiers & un Tambour. Le Capitaine touchera de plus quatre payes de gratification de ſix ſols ſix deniers chacune, ſa compagnie étant de quarante-huit hommes juſqu'au complet de cinquante, trois deſdites payes à quarante-ſix & quarante-ſept, deux à quarante-quatre & quarante-cinq, une ſeulement à quarante-deux & quarante-trois, & rien au-deſſous dudit nombre de quarante-deux.

Compagnies de Fuſiliers. Chacune des neuf compagnies de Fuſiliers, de cent hommes, ſur le pied par jour de cinq livres au Capitaine, cinquante ſols au Capitaine en ſecond, trente ſols au premier Lieutenant, vingt ſols au Lieutenant en ſecond, ſeize ſols huit deniers au Sous-lieutenant, onze ſols à chacun des quatre Sergens, neuf ſols au Capitaine d'armes, ſept ſols ſix deniers à chacun des ſix Caporaux, ſix ſols ſix deniers à chacun des ſix Anſpeſſades, ſept ſols ſix deniers à chacun des quatre Ouvriers, & cinq ſols ſix deniers à chacun des ſoixante-dix-ſept Fuſiliers & deux Tambours. Il ſera de plus accordé au Capitaine huit payes de gratification de cinq ſols ſix deniers chacune, ſa compagnie étant au nombre de cent hommes, ſept de quatre-vingt-quinze à quatre-vingt-dix-neuf, ſix de quatre-vingt-dix à quatre-vingt-quatorze, cinq de quatre-vingt-cinq à quatre-vingt-neuf, & quatre ſeulement de quatre-vingt à quatre-vingt-quatre, le Capitaine n'en devant prétendre aucune ſa compagnie étant au-deſſous dudit nombre de quatre-vingt.

Compagnies de Dragons. Chacune des dix compagnies de Dragons, de cinquante hommes, ſur le pied par jour de ſix livres au Capitaine, trois livres au Lieutenant, quarante-cinq ſols au Cornette, vingt-ſix ſols huit deniers au Maréchal des logis, neuf ſols à chacun des trois Brigadiers, & ſept ſols à chacun des quarante-ſix Dragons & au Tambour.

Etat-major dudit regiment. L'Etat-major dudit régiment ſera payé ſur le pied par jour de vingt-quatre livres au Colonel, & quinze livres au Lieutenant-colonel, tant pour leurs appointemens en ladite qualité,

qualité, que pour leur tenir lieu de ceux de Capitaine, ne devant être attachez à aucune compagnie; six livres au Major, trois livres à chacun des deux Aide-majors, trente sols à l'Aumônier, & pareils trente sols au Chirurgien.

Masse.

Outre la solde ci-dessus il sera fait un fonds pour la Masse sur le pied complet, à raison de vingt deniers par jour pour chaque Sergent, & dix deniers pour chaque Capitaine d'armes, Caporal, Anspessade, Grenadier, Ouvrier, Fusilier, Brigadier, Dragon & Tambour dans l'Infanterrie & les Dragons, dont il sera délivré deux billets à la fin de l'année, ainsi qu'il est expliqué à l'Infanterie françoise.

RÉGIMENT de CANTABRES-VOLONTAIRES.

Le régiment de Cantabres-volontaires, levé par ordonnance du 15 décembre 1745, composé de dix compagnies de cinquante Fusiliers chacune, sera payé, sçavoir :

Compagnies.

Chaque compagnie sur le pied par jour de quatre livres au Capitaine, trente sols au premier Lieutenant, vingt sols au Lieutenant en second, onze sols à chacun des deux Sergens, dix sols au Fourrier, sept sols six deniers à chacun des trois Caporaux, six sols six deniers à chacun des trois Anspessades, & cinq sols six deniers à chacun des quarante Fusiliers & au Tambour. Le Capitaine touchera de plus quatre payes de gratification, de cinq sols six deniers chacune, sa compagnie étant de quarante-huit hommes jusqu'au complet de cinquante hommes, trois desdites payes à quarante-six & quarante-sept, deux à quarante-quatre & quarante-cinq, une seulement à quarante-deux & quarante-trois, & rien au dessous dudit nombre de quarante-deux.

Etat-major dudit régiment.

L'Etat-major dudit régiment sera payé sur le pied par jour de trois livres six sols huit deniers au Colonel, quarante sols au Lieutenant-colonel, outre ce qu'ils reçoivent comme Capitaine, cinq livres au Major, trois livres à l'Aide-major, trente sols à l'Aumônier, & vingt sols au Chirurgien, & douze sols à chacun des quatre Tambourins entretenus à la suite dudit régiment.

Masse.

Outre la solde ci-dessus il sera fait un fonds pour la Masse sur le pied complet, à raison par jour de vingt deniers par Sergent, & dix deniers par Caporal, Anſpeſſade, Fuſilier, Tambour & Tambourin, dont il ſera délivré deux billets à la fin de l'année, ainſi qu'il eſt expliqué à l'infanterie françoiſe.

VOLONTAIRES de GANTÉS. Le corps de Volontaires de Gantés, levé par ordonnance du 30 janvier 1746, & composé de cinq cens hommes, dont trois cens d'infanterie & deux cens à cheval, ſera payé ſur le pied par jour, ſçavoir :

Compagnies d'Infanterie. Chacune des deux compagnies d'infanterie, composée de ſoixante-quinze hommes, à raiſon de quatre livres au Capitaine, trente ſols au premier Lieutenant, vingt ſols au Lieutenant en ſecond, onze ſols à chacun des trois Sergens, ſept ſols ſix deniers à chacun des ſix Caporaux, ſix ſols ſix deniers à chacun des ſix Anſpeſſades, ſept ſols ſix deniers à chacun des trois Charpentiers, & cinq ſols ſix deniers à chacun des cinquante-ſix Fuſiliers & au Tambour. Le Capitaine touchera de plus ſix payes de gratification, de cinq ſols ſix deniers chacune, ſa compagnie étant complète au nombre de ſoixante-quinze hommes, cinq deſdites payes de ſoixante-douze à ſoixante-quatorze, quatre de ſoixante-neuf à ſoixante-onze, trois de ſoixante-ſix à ſoixante-huit, deux de ſoixante-trois à ſoixante-cinq, & une ſeulement de ſoixante à ſoixante-deux; le Capitaine n'en devant prétendre aucune, ſa compagnie étant au deſſous dudit nombre de ſoixante hommes.

Compagnies de Fuſiliers de Montagne. Chacune des deux compagnies de Fuſiliers de Montagne, composée auſſi de ſoixante-quinze hommes, à raiſon de trois livres au Capitaine, trente ſols au Lieutenant en premier, vingt ſols au Lieutenant en ſecond, quinze ſols à chacun des ſix Brigadiers, onze ſols à chacun des ſix Sous-brigadiers, & neuf ſols à chacun des ſoixante-deux Fuſiliers & au Tambour.

Compagnies de Huſſards. Chacune des deux compagnies de Huſſards, composée de ſoixante-quinze hommes, ſur le pied de ſix livres au Capitaine en premier, quatre livres au Capitaine en ſecond, trois livres au Lieutenant en premier, deux livres au Lieutenant en ſecond, vingt-ſix ſols huit deniers aux deux

Maréchaux des logis, neuf sols aux trois Brigadiers, & sept sols à chacun des soixante-onze Hussards & au Trompette.

Compagnie de Dragons.

La compagnie de Dragons, composée de cinquante hommes, à raison de quatre livres dix sols au Capitaine, deux livres au Lieutenant en premier, une livre dix sols au Lieutenant en second, une livre au Maréchal des logis, sept sols six deniers à chacun des trois Brigadiers, & six sols six deniers à chacun des quarante-six Dragons & un Tambour.

Etat-major dudit régiment.

L'Etat-major sera payé sur le pied par jour de huit livres au Commandant, tant pour ses appointemens en ladite qualité, que pour lui tenir lieu de ceux de Capitaine, n'étant attaché à aucune compagnie de ce corps; trois livres à l'Aide-major d'infanterie, pareilles trois livres à l'Aide-major de Hussards & de Dragons, & vingt sols au Chirurgien.

Masse.

Outre la solde ci-dessus il sera fait un fonds pour la Masse sur le pied complet, à raison par jour de vingt deniers par Sergent, & de dix deniers par chacun des Fusiliers, Brigadiers, Hussards & Dragons des deux compagnies d'infanterie, & de celles de Hussards & Dragons, dont il sera délivré deux billets à la fin de l'année, ainsi qu'il est expliqué à l'article de la Masse de l'infanterie françoise. A l'égard des deux compagnies de Fusiliers de Montagne, il sera fait la retenue ordinaire sur la solde des Brigadiers, Sous-brigadiers & Fusiliers, pour tenir lieu de la Masse.

COMPAGNIE de FUSILIERS-GUIDES.

La compagnie de Fusiliers-guides, levée par ordonnance du 22 janvier 1746, pour servir à l'armée de Flandre, & composée de vingt-cinq hommes, dont douze à cheval, sera payée sur le pied par jour de quatre livres au Capitaine, vingt-sept sols huit deniers au Lieutenant en pied, vingt sols au Lieutenant réformé, treize sols à chacun des deux Sergens, dont un à cheval; dix sols six deniers à chacun des deux Caporaux, dont un à cheval, huit sols six deniers à l'Anspessade, & six sols six deniers à chacun des vingt Fusiliers-guides, dont dix à cheval. Le Capitaine touchera de plus, sa compagnie étant compléte, deux payes de gratification de six sols six deniers chacune.

Maſſe. Outre la ſolde ci-deſſus, il ſera fait un fonds pour la Maſſe ſur le pied complet, à raiſon par jour de vingt deniers pour chaque Sergent, & de dix deniers pour chacun des vingt-trois Caporaux, Anſpeſſades & Fuſiliers, tant à pied qu'à cheval, dont il ſera délivré deux billets à la fin de l'année, ainſi qu'il eſt expliqué à l'article de la Maſſe de l'infanterie françoiſe.

COMPAGNIE d'INFANTERIE de CROATES. La compagnie d'infanterie de Croates, levée par ordonnance particulière du 5 mai 1746, & compoſée de deux cens quarante hommes, ſera payée ſur le pied par jour de dix livres au Capitaine-commandant, quatre livres à chacun des quatre Capitaines en ſecond, cinquante ſols à chacun des quatre Lieutenans, trente-cinq ſols à chacun des quatre Lieutenans en ſecond, douze ſols à chacun des douze Sergens, neuf ſols ſix deniers à chacun des douze Caporaux, huit ſols ſix deniers à chacun des dix-huit Anſpeſſades, ſept ſols ſix deniers à chacun des douze Ouvriers & des quatre Tambours, huit ſols à chacun des ſix Guides ou Interprètes, cinq ſols ſix deniers à chacun des cent ſoixante-ſeize Soldats Croates, & vingt ſols au Chirurgien. Le Capitaine-commandant touchera de plus ſix cens livres par an, pour lui tenir lieu des payes de gratification de ſa compagnie, dont moitié lui ſera payée lorſqu'elle ſera à cent ſoixante hommes en entrant en garniſon, & le ſurplus ſi elle eſt complète au premier avril ſuivant.

Maſſe. Outre la ſolde ci-deſſus il ſera fait un fonds pour la Maſſe ſur le pied complet, à raiſon de vingt deniers par jour pour chacun des douze Sergens, & dix deniers pour chacun des deux cens vingt-huit autres, dont il ſera délivré deux billets à la fin de l'année, ainſi qu'il eſt expliqué à l'article de la Maſſe de l'infanterie françoiſe.

RÉGIMENT de BRETONS-VOLONTAIRES. Le régiment de troupes légères de Bretons-Volontaires, compoſé de douze cens hommes, dont neuf cens à pied & trois cens à cheval, ſera payé, ſçavoir :

Compagnies de Grenadiers. Chacune des deux compagnies de Grenadiers, de cinquante hommes, ſur le pied par jour de ſix livres au Capitaine, cinquante ſols au Capitaine en ſecond, quarante ſols

sols au premier Lieutenant, vingt-cinq sols au Lieutenant en second, douze sols à chacun des deux Sergens, huit sols six deniers à chacun des trois Caporaux, sept sols six deniers à chacun des trois Anspessades, & six sols six deniers à chacun des quarante-un Grenadiers & un Tambour. Le Capitaine touchera de plus quatre payes de gratification, de six sols six deniers chacune, sa compagnie étant de quarante-huit hommes jusqu'au complet de cinquante; trois desdites payes à quarante six & quarante-sept, deux à quarante-quatre & quarante-cinq, une seulement à quarante-deux & quarante-trois, & rien au dessous dudit nombre de quarante-deux.

Compagnies de Fusiliers.

Chacune des huit compagnies de Fusiliers, composée de cent hommes, sera payée sur le pied par jour de cinq livres au Capitaine, cinquante sols au Capitaine en second, trente sols au premier Lieutenant, vingt sols au Lieutenant en second, seize sols huit deniers au Sous-lieutenant, onze sols à chacun des quatre Sergens, dix sols à chacun des deux Cadets, neuf sols au Capitaine d'armes, sept sols six deniers à chacun des six Caporaux & des quatre Ouvriers, six sols six deniers à chacun des six Anspessades, & cinq sols six deniers à chacun des soixante-quinze Fusiliers & deux Tambours. Il sera de plus accordé au Capitaine huit payes de gratification, de cinq sols six deniers chacune, sa compagnie étant au complet de cent hommes, sept de quatre-vingt-quinze à quatre-vingt-dix-neuf, six de quatre-vingt-dix à quatre-vingt-quatorze, cinq de quatre-vingt-cinq à quatre-vingt-neuf, & quatre seulement de quatre-vingt à quatre-vingt-quatre; le Capitaine n'en devant prétendre aucune, sa compagnie étant au dessous dudit nombre de quatre-vingt.

Compagnies de Hussards.

Chacune des six compagnies de Hussards, de cinquante Maîtres, sera payée sur le pied par jour, de six livres au Capitaine, trois livres au Lieutenant, quarante-cinq sols au Cornette, vingt-six sols huit deniers au Maréchal des logis, neuf sols à chacun des trois Brigadiers, & sept sols à chacun des quarante-six Hussards & un Trompette.

Etat-major.

L'Etat-major dudit régiment sera payé sur le pied par

jour de vingt-quatre livres au Colonel, quinze livres au Lieutenant-colonel, tant pour leurs appointemens en ladite qualité, que pour leur tenir lieu de ceux de Capitaine, ne devant être attachez à aucune compagnie; six livres au Major, trois livres à chacun des deux Aide-majors d'infanterie & de cavalerie, trente sols à l'Aumônier, & pareille somme au Chirurgien.

Masse. Outre la solde ci-dessus, il sera fait un fonds pour la Masse sur le pied complet, à raison de vingt deniers par jour pour chaque Sergent, & dix deniers pour chaque Cadet, Capitaine d'armes, Caporal, Ouvrier, Anspessade, Grenadier, Fusilier, Tambour, Brigadier, Hussard & Trompette; du produit de laquelle il sera délivré deux billets à la fin de l'année, ainsi qu'il est expliqué à l'article de l'infanterie françoise.

IV.

INFANTERIE ÉTRANGÈRE.

Suisses & Grisons. QUANT aux troupes d'Infanterie étrangère que Sa Majesté entretient à son service, elles jouiront des appointemens & solde ci-après énoncez, sçavoir, les compagnies des neuf régimens Suisses & Grisons, composées chacune de cent soixante-quinze hommes, les Officiers compris, qu'Elle a destinées pour servir dans ses armées, même les quatre compagnies aussi de cent soixante-quinze hommes chacune, mises d'augmentation en chacun desdits neuf régimens par l'ordonnance du 22 septembre 1743, seront payées sur le pied de dix-sept livres huit sols par mois pour chaque homme & pour chacune des vingt-sept payes de gratification que Sa Majesté accorde au Capitaine, sa compagnie étant du nombre de cent soixante-six & au dessus jusqu'à cent soixante-quinze, les Officiers compris; dix-sept desdites payes, lorsqu'elle sera de cent cinquante-cinq hommes jusqu'à cent soixante-cinq, seize depuis cent quarante-cinq jusqu'à cent cinquante-quatre inclusivement; & s'il arrivoit que la compagnie se trouvât au dessous dudit nombre de cent quarante-cinq hommes, elle ne sera payée que pour les effectifs, sans payes de gratification au Capitaine.

Les compagnies des régimens Suisses qui seroient remis à la solde de paix, ne seront plus payées que sur le pied de seize livres par homme par mois & pour chaque paye de gratification; desquelles payes les Capitaines jouiront sur le pied des gradations portées par l'article ci-dessus.

Au moyen de la solde ci-dessus, chaque Capitaine doit avoir & entretenir dans sa compagnie, un Capitaine-lieutenant à cent livres par mois, un Lieutenant à soixante-quinze livres, un Sous-lieutenant à cinquante livres, un Enseigne à quarante-sept livres, deux Sergens à vingt-cinq livres chacun, deux autres à vingt livres, un Fourrier aussi à vingt livres, un Porte-enseigne & un Capitaine d'armes à dix-huit livres chacun, un Prévôt à quinze livres, six Caporaux, six Anspessades & cent cinquante Fusiliers, compris les Tambours & Fifre: étant à observer que dans les compagnies dont les Capitaines ne servent point au corps, le Capitaine-lieutenant doit recevoir cent trente livres, & qu'il doit y avoir deux Lieutenans au lieu d'un, payez chacun à soixante-quinze livres par mois.

Etat-major.

L'Etat-major de chacun des régimens Suisses & Grisons, destinez à servir dans les armées, sera payé à raison de dix-neuf cens soixante livres huit sols par mois; & ceux des régimens qui seroient à la solde de paix, sur le pied de mille livres seulement, le payement devant en être fait où la compagnie Colonelle du régiment se trouvera.

Sur la composition des demi-compagnies, le service des Capitaines titulaires, & Capitaines-lieutenans commandans.

Comme il y a des compagnies qui sont composées de deux demi-compagnies Suisses & Grisonnes, de quatre-vingt-sept hommes chacune, pour faire le service d'une compagnie entière, l'intention de Sa Majesté est que le complet desdites deux compagnies soit aussi à cent soixante-six hommes & au dessus jusqu'à cent soixante-quinze, pour les payes de gratification, sans avoir égard si une des deux demi-compagnies est plus forte en nombre que l'autre; Sa Majesté laissant aux Capitaines la liberté de s'accommoder entr'eux là-dessus : & Elle trouve bon que lesdits Capitaines dont les compagnies seront ainsi couplées, y servent alternativement pendant un an, & que celui des deux qui pourra s'absenter, soit payé comme présent : Sa Majesté veut bien aussi que les Capitaines-lieutenans commandant les compagnies dont les Capitaines servent à d'autres emplois, s'absentent alternativement ; mais Elle ordonne que pendant l'année de leur absence ils ne reçoivent que cinquante livres par mois, au lieu de cent trente qu'ils ont pendant l'année de leur service.

Compagnie Suisse d'Heuberger.

La compagnie Suisse d'Heuberger, de quatre-vingts hommes, doit avoir la moitié des Officiers ci-dessus marquez pour une compagnie de cent soixante-quinze hommes, & être payée sur le pied de seize livres par homme par mois, & pour chacune des treize payes & demie de gratification que le Capitaine doit avoir, sa compagnie étant de soixante-douze jusqu'à quatre-vingts hommes, les Officiers compris, huit desdites payes à soixante-cinq & au dessus jusqu'à soixante-onze inclusivement ; ne devant être payé que pour les effectifs, sans paye de gratification, si la compagnie se trouve au dessous dudit nombre de soixante-cinq.

Compagnies de Reynold, & de Travers.

Les compagnies Suisses de Reynold, & de Grisons de Travers, de cinquante hommes chacune, les Officiers compris, doivent avoir le quart des Officiers d'une compagnie de cent soixante-quinze hommes, & être payées sur le pied de seize livres par mois par homme & paye de gratification : le Capitaine recevra sept desdites payes de gratification, quand sa compagnie se trouvera de quarante-deux jusqu'à cinquante hommes, & cinq payes lorsqu'elle sera de trente-huit jusqu'à quarante-un ; sans que le Capitaine puisse prétendre aucune paye de gratification, la compagnie étant au dessous dudit nombre de trente-huit, les Officiers compris.

Retenue pour l'absence des Officiers Suisses & Grisons.

S'il arrive qu'un Officier des compagnies des régimens Suisses & Grisons, & des compagnies d'Heuberger, Reynold & Travers, s'absente sans congé, ou qu'il outre-

passe

passe celui qui lui aura été accordé, il sera retenu sur la solde de ladite compagnie, outre la paye personnelle de l'Officier, huit payes par mois pour l'absence du Capitaine ou Capitaine-lieutenant, six payes pour celle du Lieutenant ou second Lieutenant, quatre pour le Sous-lieutenant, & trois pour celle de l'Enseigne, pendant le tems que l'absence de l'Officier aura duré.

ALLEMANDS. *Six Régimens. Compagnies,*

Les vingt-quatre compagnies qui composent ses quatre bataillons de chacun des régimens d'Alsace & de Royal-Suédois, au moyen d'un quatrième bataillon mis par augmentation dans ce dernier régiment, en conséquence de l'ordonnance du 12 novembre 1746, & les dix-huit compagnies des trois bataillons de chacun des régimens d'Infanterie Allemande de Saxe, la Marck, Royal-Bavière & Lowendal, de cent dix hommes chacune, seront payées sur le pied de quatorze livres dix sols par mois par homme, & pour chacune des quatorze payes de gratification que Sa Majesté accorde au Capitaine, sa compagnie étant de cent cinq à cent dix hommes, douze de cent à cent quatre, dix de quatre-vingt-quinze à quatre-vingt-dix-neuf, huit de quatre-vingt-dix à quatre-vingt-quatorze, six de quatre-vingt-cinq à quatre-vingt-neuf, & quatre seulement de quatre-vingt à quatre-vingt-quatre inclusivement; le Capitaine ne devant être payé que pour les effectifs, lorsque sa compagnie se trouvera au dessous dudit nombre de quatre-vingt. Il sera payé en outre quatre-vingt-dix livres par mois au Capitaine en pied pour ses appointemens, pareilles quatre-vingt-dix livres au Capitaine réformé, qui aura à l'avenir le titre de Capitaine en second, sera le service, & sera employé dans les revûes en cette qualité, sans qu'il ait besoin de nouvelle commission, & qu'à l'occasion de ce changement de titre il puisse prétendre d'autre traitement que celui de Capitaine réformé, dont Sa Majesté veut qu'il continue de jouir; soixante livres au premier Lieutenant, cinquante-une livres à chacun des second Lieutenant & des deux Lieutenans en second, &

quarante-huit livres à l'Enseigne de chaque compagnie: Entendant Sa Majesté que dans ledit nombre de cent dix hommes, soient compris & payez par le Capitaine, un premier Sergent à treize sols par jour, deux autres à douze sols, un quatrième à onze sols, un Fourrier & un Capitaine d'armes à neuf sols chacun, deux Fourriers-schutz à huit sols chacun, quatre Caporaux & trois Tambours à sept sols chacun, huit Anspessades & huit Grenadiers à six sols chacun, & soixante-dix-neuf Fusiliers à cinq sols six deniers chacun.

Il sera de plus entretenu & payé, en passant présent aux revûes, un deuxième Capitaine en second, sur le pied de quatre-vingt-dix livres par mois, en chacune des vingt-quatre compagnies du régiment Royal-Suédois, suivant l'ordonnance du 12 novembre 1746, portant augmentation d'un quatrième bataillon dans ce régiment.

Etat-major & Prévôté des six régimens Allemands.

Il sera payé pour l'Etat-major de chacun desdits régimens, mille livres par mois au Colonel, cent soixante livres au Lieutenant-colonel, outre ce qu'ils reçoivent comme Capitaine; trois cens livres au Major, cent livres à l'Interprète, quatre-vingt-dix livres à l'Aide-major, qui ne pourra y avoir d'autre charge, quarante-cinq livres à l'Aumônier, cinquante livres à chacun des Chirurgien & Auditeur, quarante livres au Prévôt, vingt livres à chacun des Greffier & Tambour-major, dix-huit livres à chacun des deux Archers & à l'Exécuteur de justice; soixante livres à chaque Commandant des second, troisième & quatrième bataillons des régimens d'Alsace & de Royal-Suédois, & des second & troisième bataillons des quatre autres régimens, outre ce qu'il reçoit comme Capitaine, & quatre vingt-dix livres à chaque Aide-major desdits second, troisième & quatrième bataillons.

Commandans & Aide-majors de bataillons.

Officiers réformez, Colonels & Lieutenans-colonels.

Les Colonels & Lieutenans-colonels réformez, entretenus à la suite desdits régimens, seront payez sur le pied de cent trente-six livres dix-sept sols six deniers par mois, à l'exception de ceux auxquels il a été expédié des ordres par lesquels il leur est réglé un traitement particulier, dont ils continueront de jouir.

Capitaines & Lieutenans.

A l'égard des Capitaines & Lieutenans réformez, entretenus à la suite desdits régimens, ceux qui composent les brigades qui en sont détachées, & ceux qui ont des ordres pour servir dans les places, ou qui en obtiendront par la suite, ils seront payez en conformité de l'Ordonnance du premier mai 1737, & de l'état y joint, sçavoir, les Capitaines de la première classe à quatre-vingt-dix livres par mois, ceux de la seconde à soixante livres, ceux de la troisième à cinquante livres, & ceux de la quatrième à trente-sept livres dix sols: & les Lieutenans de la première classe à quarante-huit livres, ceux de la seconde à trente livres, & ceux de la troisième à vingt livres.

Commandans des brigades d'Alsace, la Marck & Royal-Suédois.

Les sieurs de Valbrun commandant la brigade d'Alsace, Commersort commandant la brigade de la Marck, & Hieronimi commandant celle de Royal-Suédois, continueront d'être payez sur le pied de quatre-vingt-dix livres chacun par mois; & ceux qui les remplaceront dans le commandement desdites brigades, recevront le même traitement.

Commandant de la brigade françoise.

Le sieur Delort commandant la brigade à la paye françoise, recevra, suivant l'article VII de ladite ordonnance du premier mai 1737, vingt-cinq livres par mois en ladite qualité, outre les trente-sept livres dix sols à lui attribuées aussi par mois en celle de Capitaine.

RÉGIMENT d'INFANTERIE ÉTRANGÈRE de BERGH, & ALLEMANDS de FERSEN & NASSAU-SAARBRUCK.

Le régiment d'Infanterie étrangère levé par le Baron de Bergh dans le pays de Bergues & de Juliers, en vertu de l'ordonnance du 12 août 1744, le régiment Allemand de Fersen levé par ordonnance du premier novembre 1745, d'un bataillon chacun, & le régiment Allemand de Nassau-Saarbruck de deux bataillons, levé par autre ordonnance dudit jour premier novembre, chaque bataillon de six compagnies de cent dix hommes chacune, sans les Officiers, seront payez, sçavoir:

Compagnies. Chaque compagnie ſur le pied de quatorze livres dix ſols par mois par homme, & pour chacune des quatorze payes de gratification que Sa Majeſté accorde au Capitaine, ſa compagnie étant de cent cinq à cent dix hommes, douze de cent à cent quatre, dix de quatre-vingt-quinze à quatre-vingt-dix-neuf, huit de quatre-vingt-dix à quatre-vingt-quatorze, ſix de quatre-vingt-cinq à quatre-vingt-neuf, & quatre ſeulement de quatre-vingt à quatre-vingt-quatre incluſivement; le Capitaine ne devant être payé que pour les effectifs, lorſque ſa compagnie ſe trouvera au deſſous dudit nombre de quatre-vingt. Il ſera payé en outre quatre-vingt-dix livres par mois au Capitaine en pied pour ſes appointemens, pareilles quatre-vingt-dix livres au Capitaine réformé, qui aura à l'avenir le titre de Capitaine en ſecond, fera le ſervice, & ſera employé dans les revûes en cette qualité, ſans qu'il ait beſoin de nouvelle commiſſion, & qu'à l'occaſion de ce changement de titre il puiſſe prétendre d'autre traitement que celui de Capitaine réformé, dont Sa Majeſté veut qu'il continue de jouir; ſoixante livres au premier Lieutenant, cinquante-une livres au Lieutenant en ſecond, & quarante-huit livres à l'Enſeigne: Entendant Sa Majeſté que dans ledit nombre de cent dix hommes, ſoient compris & payez par le Capitaine, un premier Sergent à treize ſols par jour, deux autres à douze ſols chacun, un quatrième à onze ſols, un Fourrier & un Capitaine d'armes à neuf ſols chacun, deux Fourriers-ſchutz à huit ſols chacun, quatre Caporaux & trois Tambours à ſept ſols chacun, huit Anſpeſſades & huit Grenadiers à ſix ſols chacun, & ſoixante-dix-neuf Fuſiliers à cinq ſols ſix deniers chacun.

Etat-major & Prévôté. L'Etat-major de chacun de ces trois régimens ſera payé ſur le pied, ſçavoir, de cinq cens ſoixante livres par mois au Colonel, tant pour lui, outre ſon traitement de Capitaine, que pour l'entretien de l'Aumônier, du Chirurgien, de l'Auditeur, du Prévôt, du Greffier, du Tambour-major, des deux Archers & de l'Exécuteur de juſtice; de cent cinquante livres par mois au Lieutenant-colonel,

colonel, outre son traitement de Capitaine, deux cens livres au Major, & quatre-vingt-dix livres à l'Aide-major, qui ne pourra avoir d'autre charge dans le régiment.

Commandant & Aide-major de bataillon.

Le Commandant du second bataillon du régiment de Nassau-Saarbruck recevra soixante livres par mois outre son traitement de Capitaine, & quatre-vingt-dix livres à l'Aide-major.

RÉGIMENT ROYAL-ITALIEN.

Compagnie de Grenadiers.

Le régiment Royal-Italien, composé de douze compagnies de cinquante hommes chacune, sera payé, sçavoir, sa compagnie de Grenadiers, sur le pied de six livres par jour au Capitaine, trois livres quatre sols au Lieutenant, deux livres au Sous-lieutenant, quinze sols à chacun des trois Sergens, dix sols dix deniers à chacun des trois Caporaux, neuf sols cinq deniers à chacun des cinq Anspessades & un Tambour, & huit sols à chacun des trente-huit Grenadiers : le Capitaine aura en outre sept payes de gratification, de huit sols chacune, dont il en recevra trois sa compagnie étant composée de quarante-deux à quarante-quatre hommes, cinq lorsqu'elle sera de quarante-cinq à quarante-sept, & sept de quarante-huit à cinquante ; ne devant avoir aucune desdites payes de gratification lorsqu'elle se trouvera au dessous du nombre de quarante-deux hommes.

Compagnies de Fusiliers.

Chacune des onze compagnies de Fusiliers dudit régiment, sera payée sur le pied de cinq livres par jour au Capitaine, deux livres au Lieutenant, trente sols à l'Enseigne, quatorze sols à chacun des trois Sergens, neuf sols dix deniers à chacun des trois Caporaux, huit sols cinq deniers à chacun des cinq Anspessades & un Tambour, sept sols six deniers à chacun des dix Appointés, & sept sols à chacun des vingt-huit Fusiliers : le Capitaine aura en outre sept payes de gratification, de sept sols chacune, dont il en recevra trois sa compagnie étant composée de quarante-deux à quarante-quatre hommes, cinq lorsqu'elle sera de quarante-cinq à quarante-sept, & sept de quarante-huit à cinquante ; ne devant avoir aucune paye de gratification lorfqu'elle fe trouvera au deffous du nombre de quarante-deux hommes.

Etat-major & Prévôt du régiment Royal-Italien.

L'Etat-major dudit régiment fera payé fur le pied de feize livres treize fols quatre deniers par jour au Colonel, quatre livres au Lieutenant-colonel, outre leurs appointemens de Capitaine, dix livres au Major, cinq livres à l'Interprète, trois livres à l'Aide-major, trente fols au Maréchal des logis, quarante fols à l'Aumônier, quinze fols au Chirurgien, quarante fols au Prévôt, vingt fols à fon Lieutenant, douze fols fix deniers au Greffier, huit fols quatre deniers à chacun des cinq Archers & à l'Exécuteur de juftice, & dix fols au Tambour-major.

Officiers réformez du régiment Royal-Italien.

Il fera payé cent livres par mois à chaque Colonel réformé entretenu à la fuite dudit régiment, quatre-vingt-trois livres fix fols huit deniers à chaque Lieutenant-colonel, foixante livres à chaque Capitaine, & trente livres à chaque Lieutenant.

Officiers de la brigade détachée dudit régiment.

Chaque Capitaine réformé fervant dans ladite brigade, recevra foixante livres d'appointemens par mois, & chaque Lieutenant trente livres.

RÉGIMENT ROYAL-CORSE.

Le régiment Royal-Corfe, dont la levée a été faite & le payement réglé en conféquence des ordonnances particulières de Sa Majefté des 10 & 31 août 1739, fur le pied de douze compagnies de cinquante hommes chacune, continuera d'être payé, fçavoir, celle de Grenadiers, à raifon de fix livres par jour au Capitaine, trois livres quatre fols au Lieutenant, deux livres au Sous-lieutenant, quinze fols à chacun des deux Sergens, dix fols dix deniers à chacun des trois Caporaux, neuf fols cinq deniers à chacun des cinq Anfpeffades & un Tambour, & huit fols à chacun des trente-neuf Grenadiers: le Capitaine aura en outre cinq payes de gratification de huit fols chacune, dont il en recevra trois fa compagnie étant compofée de quarante hommes, quatre lorfqu'elle fera de quarante-un à quarante-cinq, & cinq de quarante-fix à cinquante; ne devant avoir aucune defdites payes de gratification lorfqu'elle

Compagnie de Grenadiers.

se trouvera au dessous du nombre de quarante hommes.

Chacune des onze compagnies de Fusiliers sera payée sur le pied de cinq livres par jour au Capitaine, deux livres au Lieutenant, trente sols à l'Enseigne, quatorze sols à chacun des deux Sergens, neuf sols dix deniers à chacun des trois Caporaux, huit sols cinq deniers à chacun des cinq Anspessades & un Tambour, sept sols six deniers à chacun des dix Appointés, & sept sols à chacun des vingt-neuf Fusiliers. Le Capitaine recevra en outre cinq payes de gratification de sept sols chacune, dont il en aura trois sa compagnie étant composée de quarante hommes, quatre lorsqu'elle sera de quarante-un à quarante-cinq, & cinq de quarante-six à cinquante; ne devant avoir aucune desdites payes de gratification lorsqu'elle se trouvera au dessous du nombre de quarante hommes. *Compagnies de Fusiliers.*

L'Etat-major dudit régiment sera payé sur le pied de seize livres treize sols quatre deniers par jour au Colonel, trois livres au Lieutenant-colonel, outre leurs appointemens de Capitaine, huit livres au Major, trois livres à l'Aide-major, trente sols au Maréchal des logis, quarante sols à l'Aumônier, quinze sols au Chirurgien, & dix sols au Tambour-major. *Etat-major du régiment Royal-Corse, sans prévôté.*

Les Officiers réformez que Sa Majesté jugera à propos d'entretenir à la suite dudit régiment, seront payez de leurs appointemens sur le pied par mois, sçavoir, de cent livres à chaque Colonel, quatre-vingt-trois livres six sols huit deniers à chaque Lieutenant-colonel, soixante livres à chaque Capitaine, & trente livres à chaque Lieutenant. *Officiers réformez du régiment Royal-Corse.*

Le régiment d'Infanterie de Royal-Ecossois, levé par Milord Drummond de Perth, composé d'un bataillon de douze compagnies, dont une de Grenadiers & onze de Fusiliers, de cinquante-cinq hommes chacune sans les Officiers, sera payé, sçavoir: *RÉGIMENT ROYAL-ECOSSOIS.*

La compagnie de Grenadiers sur le pied par jour de six livres au Capitaine, trois livres six sols huit deniers au *Compagnie de Grenadiers.*

Capitaine réformé, trois livres dix sols au Lieutenant, trente sols au Lieutenant réformé, seize sols à chacun des deux Sergens, onze sols six deniers à chacun des trois Caporaux, dix sols six deniers à chacun des trois Anspessades, & neuf sols six deniers à chacun des quarante-six Grenadiers & un Tambour: le Capitaine, outre l'appointement ci-dessus, recevra cinq payes de gratification de neuf sols six deniers chacune, lorsque sa compagnie se trouvera de cinquante-cinq hommes, quatre desdites payes lorsqu'elle sera à cinquante-trois & cinquante-quatre hommes, trois à cinquante, cinquante-un & cinquante-deux, deux à quarante-huit & quarante-neuf, & une à quarante-cinq, quarante-six & quarante-sept hommes; le Capitaine n'en pouvant prétendre aucune sa compagnie étant au-dessous dudit nombre de quarante-cinq hommes.

Compagnies de Fusiliers. Chacune des onze compagnies de Fusiliers sera payée sur le pied par jour de cinq livres au Capitaine, trois livres six sols huit deniers au Capitaine réformé, quarante-cinq sols au Lieutenant, trente sols au Lieutenant réformé, quinze sols à chacun des deux Sergens, dix sols six deniers à chacun des trois Caporaux, neuf sols six deniers à chacun des trois Anspessades, & huit sols six deniers à chacun des quarante-six Fusiliers & un Tambour: le Capitaine recevra en outre cinq payes de gratification de huit sols six deniers chacune, lorsque sa compagnie se trouvera de cinquante-cinq hommes, quatre desdites payes lorsqu'elle sera à cinquante-trois & cinquante-quatre hommes, trois à cinquante, cinquante-un & cinquante-deux, deux à quarante-huit & quarante-neuf, & une à quarante-cinq, quarante-six & quarante-sept hommes; le Capitaine n'en pouvant prétendre aucune sa compagnie étant au dessous dudit nombre de quarante-cinq hommes.

Etat-major. Les Officiers de l'Etat-major seront payez sur le pied par jour de treize livres six sols huit deniers au Colonel, quarante-cinq sols au Lieutenant-colonel, outre leurs appointemens de Capitaine, six livres treize sols quatre deniers au Major, cinq livres à l'Interprète, trois livres à l'Aide-major, l'Aide-major, quarante sols à l'Aumônier, & trente sols à chacun des Chirurgien & Maréchal des logis.

Le Colonel dudit régiment jouira de quatre mille sept cens livres de pension attachée à sa charge, au moyen de quoi il ne pourra rien retenir sur la Masse des Sergens, Caporaux, Anspessades, Grenadiers, Soldats & Tambours, qui doivent recevoir leur paye entière, à la déduction seulement de ce qui sera mis à la Masse pour leur habillement.

IRLANDOIS. *BULKELEY, CLARE & DILLON.*

Les régimens Irlandois de Bulkeley, Clare & Dillon, composez chacun d'un bataillon réduit à treize compagnies en conséquence de l'ordonnance du premier octobre 1744, dont une de Grenadiers de quarante-cinq hommes, & douze de Fusiliers de cinquante hommes chacune sans les Officiers, seront payez, sçavoir :

Compagnie de Grenadiers.

La compagnie de Grenadiers, sur le pied de six livres par jour au Capitaine, trois livres six sols huit deniers au Capitaine réformé, trois livres dix sols au Lieutenant, trente sols au Lieutenant réformé, seize sols à chacun des deux Sergens, onze sols six deniers à chacun des trois Caporaux, dix sols six deniers à chacun des trois Anspessades, & neuf sols six deniers à chacun des trente-six Grenadiers & un Tambour. Le Capitaine recevra trois payes de gratification de neuf sols six deniers chacune par jour, sa compagnie étant à quarante-cinq & quarante-quatre hommes, deux desdites payes, la compagnie étant à quarante-un, quarante-deux & quarante-trois hommes, une seulement lorsqu'elle ne sera qu'à quarante, & rien au dessous dudit nombre de quarante hommes.

Compagnies de Fusiliers.

Chacune des douze compagnies de Fusiliers, sur le pied par jour de cinq livres au Capitaine, trois livres six sols huit deniers au Capitaine réformé, quarante-cinq sols au Lieutenant, trente sols au Lieutenant réformé, quinze sols à chacun des deux Sergens, dix sols six deniers à chacun des trois Caporaux, neuf sols six deniers à chacun des trois Anspessades, & huit sols six deniers à chacun des quarante-un Fusiliers & un Tambour : le Capitaine recevra quatre payes de gratification de huit sols six deniers chacune, sa compagnie étant à quarante-huit, quarante-neuf & cinquante, trois desdites payes lorsqu'elle sera à quarante-six & quarante-sept, deux à quarante-quatre & quarante-cinq, une seulement à quarante-deux & quarante-trois; n'en pouvant prétendre aucune sa compagnie étant au dessous dudit nombre de quarante-deux hommes.

Cadets. Les seize Cadets qui doivent être entretenus dans la compagnie Colonelle de chaque régiment, qui tiendront lieu de pareil nombre de Soldats, seront payez sur le pied de treize sols chacun par jour.

Enseignes. Outre les Officiers ci-dessus, l'Enseigne qui est en chacune des compagnies Colonelle & Lieutenante-colonelle desdits régimens, recevra trente-six sols par jour.

Etat-major. L'Etat-major de chacun desdits régimens sera payé sur le pied par jour de treize livres six sols huit deniers au Colonel, quarante-cinq sols au Lieutenant-colonel, outre leurs appointemens de Capitaine; six livres treize sols quatre deniers au Major, cinq livres à l'Interprète, trois livres à l'Aide-major, quarante sols à l'Aumônier, & trente sols à chacun des Chirurgien & Maréchal des logis.

La pension de quatre mille sept cens livres attachée à la charge de Colonel de chacun desdits trois régimens, au lieu de celle de deux mille livres qu'il avoit anciennement, lui sera continuée; au moyen de quoi il ne doit plus retenir les quatre deniers par jour sur la masse des Sergens, Caporaux, Anspessades, Grenadiers, Soldats & Tambours, qui doivent recevoir leur paye entière, à la déduction seulement de ce qui sera mis à la Masse pour leur habillement.

Officiers réformez. Les Officiers réformez à la suite desdits régimens de Bulkeley, Clare, Dillon & Royal-Ecossois, & ceux qui sont détachez dans les places, seront payez sur le pied par mois de cent cinquante livres à chaque Colonel ou Lieutenant-colonel, cent livres à chaque Capitaine, & quarante-cinq livres à chaque Lieutenant.

Les régimens Irlandois de Roth & Berwick, composez chacun d'un bataillon réduit à treize compagnies en conséquence de l'ordonnance du premier octobre 1744, dont une de Grenadiers de quarante-cinq hommes, & douze de Fusiliers de cinquante hommes chacune sans les Officiers, & le régiment Irlandois de Lally levé en conséquence de ladite ordonnance, de la même composition que lesdits deux régimens, & entretenu avec pareil traitement, seront payez, sçavoir, *Roth, Berwick & Lally.*

Compagnie de Grenadiers.

La compagnie de Grenadiers sur le pied par jour de quatre livres quinze sols au Capitaine, quarante-cinq sols dix deniers au Capitaine réformé, cinquante-un sols au Lieutenant, vingt-un sols huit deniers au Lieutenant réformé, seize sols à chacun des deux Sergens, onze sols six deniers à chacun des trois Caporaux, dix sols six deniers à chacun des trois Anspessades, & neuf sols six deniers à chacun des trente-six Grenadiers & un Tambour. Le Capitaine recevra trois payes de gratification, de neuf sols six deniers chacune, sa compagnie étant à quarante-cinq & quarante-quatre hommes, deux desdites payes la compagnie étant à quarante-un, quarante-deux & quarante-trois, une seulement lorsqu'elle ne sera qu'à quarante, & rien au dessous dudit nombre de quarante hommes.

Compagnies de Fusiliers.

Chacune des douze compagnies de Fusiliers, sur le pied par jour de trois livres quinze sols au Capitaine, quarante-cinq sols dix deniers au Capitaine réformé, trente-deux sols six deniers au Lieutenant, vingt-un sols huit deniers au Lieutenant réformé, quinze sols à chacun des deux Sergens, dix sols six deniers à chacun des trois Caporaux, neuf sols six deniers à chacun des trois Anspessades, & huit sols six deniers à chacun des quarante-un Fusiliers & un Tambour. Le Capitaine recevra quatre payes de gratification, de huit sols six deniers chacune, sa compagnie étant à quarante-huit, quarante-neuf & cinquante hommes, trois desdites payes lorqu'elle sera à quarante-six & quarante-sept, deux à quarante-quatre & quarante-cinq, une seulement à quarante-deux & quarante-trois; n'en pouvant prétendre aucune sa compagnie étant au dessous dudit nombre de quarante-deux hommes.

Cadets. Les seize Cadets qui doivent être entretenus dans la compagnie Colonelle de chaque régiment, qui tiendront lieu de pareil nombre de Soldats, seront payez sur le pied de treize sols chacun par jour.

Enseignes. Outre les Officiers ci-dessus, l'Enseigne en chacune des compagnies Colonelle & Lieutenante-colonelle desdits régimens, recevra vingt-cinq sols six deniers par jour.

Etat-major & Prévôté. L'Etat-major de chacun desdits trois régimens sera payé sur le pied par jour de sept livres dix sols au Colonel, trente-deux sols six deniers au Lieutenant-colonel, outre leurs appointemens de Capitaine; quatre livres onze sols huit deniers au Major, quarante-six sols huit deniers à l'Aide-major, vingt-cinq sols à chacun des Aumônier & Maréchal des logis, vingt sols au Chirurgien, vingt-six sols huit deniers au Prévôt, treize sols quatre deniers à son Lieutenant, huit sols quatre deniers au Greffier, & cinq sols à chacun des cinq Archers & à l'Exécuteur de justice.

Officiers réformez. Les Officiers réformez à la suite desdits régimens, & ceux qui sont détachez dans les places, seront payez sur le pied par mois de cent douze livres dix sols à chaque Colonel ou Lieutenant-colonel, soixante-huit livres quinze sols à chaque Capitaine, & trente-deux livres dix sols à chaque Lieutenant.

V.

COMPOSITION des BATAILLONS. POUR entretenir les bataillons dans une égale force, Sa Majesté, en confirmant ce qui est porté par les anciennes ordonnances, veut que les compagnies d'un régiment composé de plusieurs bataillons, y servent suivant le rang de leur Capitaine; que celles de Grenadiers soient mises suivant leur ancienneté, à la tête de chaque bataillon; que la compagnie Colonelle & celle du Lieutenant-colonel demeurent au premier bataillon; que celle du premier Capitaine soit dans le second, que celle du second Capitaine soit dans le troisième, & que celle du troisième Capitaine soit dans le quatrième bataillon des régimens où il il y en a quatre, & que les autres compagnies ſoient ainſi diſtribuées ſuivant leur rang : & lorſqu'il en vaquera une dans un régiment, que l'Officier qui en ſera pourvû, prenne avec ſa compagnie la queue du dernier bataillon, pour faire monter les autres compagnies, de ſorte qu'elles ſe trouvent ſuivant leur rang dans les bataillons où elles doivent ſervir. Et comme Sa Majeſté auroit été ci-devant avertie que les Colonels des régimens d'Infanterie prenoient deux Soldats dans les compagnies qui venoient à vaquer, pour ſervir dans les leurs, & qu'ils en faiſoient auſſi prendre un pour les Grenadiers, Sa Majeſté continue la défenſe qu'Elle leur a faite de prendre ni laiſſer prendre aucun Soldat dans les compagnies vacantes, ſon intention étant qu'elles ſoient remiſes à ceux qui en ſeront pourvûs, dans l'état où elles ſe ſeront trouvées lorſqu'elles auront vaqué.

Outils.

Veut auſſi Sa Majeſté qu'il y ait toûjours en chaque compagnie de ſon Infanterie françoiſe ou étrangère, dix outils propres à remuer la terre, que les Soldats de chaque chambrée porteront tour à tour avec leurs armes.

Ingénieurs.

Les Ingénieurs auxquels Sa Majeſté a accordé des réformes, ſeront payez dans les places de leur réſidence, en vertu des reliefs qui leur ſeront expédiez de ſix mois en ſix mois, ſur le pied par an de neuf cens livres à chaque Colonel, de ſept cens livres à chaque Lieutenant-colonel, de quatre cens cinquante livres à chaque Capitaine, & de deux cens quarante livres à chaque Lieutenant.

Solde pendant la marche à l'Infanterie françoiſe & étrangère.

Sa Majeſté trouve bon que le ſol d'augmentation par jour, accordé à chaque Sergent, & les ſix deniers à chaque Caporal, Anſpeſſade, Grenadier, Soldat & Tambour, pour s'entretenir de linge & de chauſſure, leur ſoit continué pendant les marches, dans les lieux où l'étape ſera fournie, même aux trois cens quarante Soldats ſurnuméraires que Sa Majeſté a bien voulu entretenir dans ſon régiment d'Infanterie, ſur le pied de cinq en chacune des ſoixante-huit compagnies dont il eſt composé ; & il ſera accordé un ſupplément de ſolde aux troupes d'Infanterie étrangère, comme par le paſſé.

V I.

GENDARMERIE.

Gardes-du-corps du Roy.

Les Officiers des Gardes-du-corps du Roy, servant à la Cornette, seront payez sur le pied par jour de six livres à chacun des trois Lieutenans, cinq livres à chacun des trois Enseignes, trois livres à chacun des douze Exempts, l'Aide-major compris, ainsi que le Sous-aide-major établi par ordonnance du 9 juin 1745; quarante sols à chacun des neuf Brigadiers, trente-cinq sols à chacun des neuf Sous-brigadiers, trente-trois sols à chacun des deux cens quatre-vingt-deux Gardes, des six Trompettes & un Timbalier, quarante sols à l'Aumônier, & vingt sols au Chirurgien: le tout en chacune des quatre compagnies desdits Gardes-du-corps.

Grenadiers a cheval.

La compagnie des Grenadiers à cheval de Sa Majesté, sera payée sur le pied par jour de dix livres au Capitaine-lieutenant, de six livres à chacun des trois Lieutenans, quatre livres à chacun des trois Sous-lieutenans, trois livres à chacun des trois Maréchaux des logis, quarante sols à chacun des six Sergens, trente-un sols à chacun des trois Brigadiers, vingt-six sols à chacun des six Sous-brigadiers, vingt-quatre sols à chacun des six Appointés & un Porte-étendard, vingt-un sols à chacun des cent vingt-quatre Grenadiers & quatre Tambours, & quarante sols à l'Aumônier établi dans ladite compagnie par ordonnance particulière du 9 février 1734.

Gendarmes & Chevaux-légers de la garde du Roy.

Les grands Officiers des compagnies de Gendarmes & de Chevaux-légers de la garde du Roy, & les cinquante Gendarmes & cinquante Chevaux-légers, deux Trompettes & un Timbalier de chaque compagnie servant par quartier près Sa Majesté, continueront à être payez suivant les états & ordres qui seront expédiez à cet effet.

Il sera payé trente sols par jour à chacun des Brigadiers, Sous-brigadiers, cent cinquante Gendarmes, & cent cinquante Chevaux-légers, & deux Trompettes de chacune desdites deux compagnies servant à la Cornette; & vingt ſols à chacun des ſept petits Officiers, auſſi de chaque compagnie, ſçavoir, un Aumônier, deux Fourriers, deux Chirurgiens, un Sellier & un Maréchal-ferrant.

MOUSQUETAIRES DE LA GARDE DU ROY.

Chacune des deux compagnies de Mouſquetaires de la garde du Roi, ſera payée à raiſon de trente livres par jour au Capitaine-lieutenant, qui eſt vingt livres pour les appointemens de Capitaine, & dix livres pour ceux de Lieutenant; ſix livres treize ſols quatre deniers à chacun des deux Sous-lieutenans, cinq livres à chacun des deux Enſeignes & deux Cornettes, cinquante ſols à chacun des dix Maréchaux des logis, quarante-deux ſols à chacun des quatre Brigadiers, quarante ſols à chacun des dix-huit Sous-brigadiers & cent ſoixante-ſeize Mouſquetaires, cinquante ſols à chacun des quatre Hautbois, & trente ſols à chacun des ſix Tambours & des ſix petits Officiers, ſçavoir, un Aumônier, un Chirurgien, un Apothicaire, un Fourrier, un Sellier & un Maréchal-ferrant.

GENDARMERIE. *Grands Officiers des compagnies de Gendarmes.*

Les grands Officiers des dix compagnies de Gendarmes de la Gendarmerie, continueront d'être payez ſuivant les états que Sa Majeſté fera expédier; & les Maréchaux des logis, Brigadiers, Sous-brigadiers, Porte-étendards, Gendarmes, Trompettes & Timbaliers, ſur le même pied de ceux des compagnies de Chevaux-légers, ainſi qu'il eſt ci-après expliqué.

Compagnies de Chevaux-légers.

Chacune des ſix compagnies de Chevaux-légers de ladite Gendarmerie, compoſée d'un Capitaine-lieutenant, un Sous-lieutenant, deux Cornettes, quatre Maréchaux des logis, deux Brigadiers, deux Sous-brigadiers, un Porte-étendard, ſoixante-dix Chevaux-légers, & deux Trompettes, ſera payée à raiſon de neuf livres par jour au Capitaine-lieutenant, qui eſt ſix livres en qualité de Capitaine, & trois livres en celle de Lieutenant; trois livres au Sous-lieutenant, quarante-cinq ſols à chaque Cornette, quarante-ſix ſols à chaque Maréchal des logis, vingt-ſix ſols ſix deniers à chaque Brigadier & Sous-brigadier, dix-huit ſols quatre deniers au Porte-étendard, quinze ſols à chaque Chevau-léger, & vingt-deux ſols à chaque Trompette.

Aumôniers & Timbaliers. Il ſera payé vingt-deux ſols auſſi par jour à chacun des huit Timbaliers entretenus dans les huit premières compagnies, & trente ſols à chacun des deux Aumôniers de ladite Gendarmerie.

Etat-major de la Gendarmerie. Les Officiers de l'Etat-major de ladite Gendarmerie, étant payez de leurs appointemens à l'Ordinaire des guerres, il n'en ſera point fait ici mention.

VII.

CAVALERIE, CARABINIERS, HUSSARDS ET DRAGONS.

Cavalerie.

Compagnies. L'INTENTION de Sa Majeſté eſt, qu'outre le fourrage qui ſera fourni à chaque Cavalier, Carabinier, Huſſard & Dragon, il ſoit payé à chacune des compagnies qui compoſent les régimens de Cavalerie françoiſe, ſçavoir, au Capitaine cinq livres par jour, au Lieutenant cinquante ſols, au Maréchal des logis vingt-ſix ſols huit deniers, à chacun des deux Brigadiers huit ſols, & à chacun des trente-trois Cavaliers, y compris le Trompette & le Timbalier, où il doit y en avoir, ſept ſols.

Sous-lieutenans & Cornettes dans la compagnie du Colonel général, & dans celles des Meſtre-de-Camp général & Commiſſaire général de la Cavalerie. Le Sous-lieutenant qui eſt dans la compagnie Colonelle du Colonel général de la Cavalerie, le Cornette-blanc qui eſt dans ladite compagnie, & le Cornette qui eſt en chacune des compagnies Meſtre-de-camp des régimens du Meſtre-de-camp général & du Commiſſaire général de la Cavalerie, recevront, ſçavoir, le Sous-lieutenant, cinquante ſols par jour; le Cornette-blanc, & chacun des deux autres, trente-ſept ſols ſix deniers auſſi par jour.

Etat-major de Cavalerie françoiſe. Il ſera payé quarante-quatre ſols cinq deniers par jour au Meſtre-de-camp de chaque régiment de Cavalerie françoiſe, trente-trois ſols quatre deniers au Lieutenant-colonel, outre leurs appointemens de Capitaine; ſix livres au Major, trois livres à chaque Aide-major, trente ſols à l'Aumônier, & treize ſols ſix deniers au Chirurgien.

Cornettes dans les régimens de Cavalerie françoiſe. Les dix Cornettes entretenus dans les régimens de Cavalerie françoiſe qui n'ont été augmentez que d'un eſcadron, & les douze Cornettes entretenus dans ceux qui ont

ont été augmentez de deux escadrons, seront payez sur le pied de trente-sept sols six deniers chacun par jour.

CARABINIERS. Compagnies.

Chacune des quarante compagnies de trente-cinq Maîtres, qui composent les cinq brigades du régiment Royal-des-Carabiniers, sera payée sur le pied par jour de six livres au Capitaine, de trois livres au Lieutenant, trente sols au Maréchal des logis, neuf sols à chacun des deux Brigadiers, & huit sols à chacun des trente-trois Carabiniers, compris le Trompette & le Timbalier qui est en chacune des cinq compagnies Mestres-de-camp.

E'tat-major.

L'Etat-major dudit régiment sera payé sur le pied par jour de cinquante-un sols dix deniers à Monsr le Prince de Dombes, en qualité de Mestre-de-camp-lieutenant; pareils cinquante-un sols dix deniers à chacun des cinq Mestres-de-camp qui servent sous lui à la tête des cinq brigades; trente-huit sols dix deniers à chaque Lieutenant-colonel, outre leurs appointemens de Capitaine; sept livres à chaque Major, trois livres dix sols à chaque Aide-major, trente sols à l'Aumônier, & seize sols deux deniers au Chirurgien de chaque brigade.

Cornettes dans les cinq brigades de Carabiniers.

Les vingt Cornettes qui servent dans ledit régiment sur le pied de quatre par brigade, seront payez à raison de quarante-cinq sols chacun par jour.

RÉGIMENT IRLANDOIS de FILTZJAMES.

Le régiment de Cavalerie Irlandoise de Filtzjames, qui étoit composé de seize compagnies, & qui a été réduit par ordonnance du 23 avril 1745 à douze compagnies de quarante-six Maîtres chacune, sera payé sur le pied par jour de cinq livres au Capitaine de chaque compagnie, cinquante sols au Lieutenant, vingt-six sols huit deniers au Maréchal des logis, dix sols à chacun des deux Brigadiers, & neuf sols à chacun des quarante-quatre Cavaliers, compris le Trompette & le Timbalier où il doit y en avoir.

Cornettes.

Il sera payé à chacun des dix Cornettes servant dans ledit régiment trente-sept sols six deniers chacun par jour.

E'tat-major.

L'Etat-major dudit régiment sera payé sur le pied par jour de quarante-quatre sols cinq deniers au Mestre de camp, trente-trois sols quatre deniers au Lieutenant-colonel, outre leurs appointemens de Capitaine, ſix livres au Major, trois livres à l'Aide-major, trente ſols à l'Aumônier & treize ſols ſix deniers au Chirurgien.

Royal-Allemand. Le régiment Royal-Allemand qui a été augmenté par ordonnance du 16 octobre 1744, de deux compagnies de cinquante Maîtres chacune, & dont les ſeize anciennes compagnies ont été auſſi portées par la même ordonnance à cinquante Maîtres, par une augmentation de quinze *Compagnies.* Maîtres en chacune, ſera payé, ſçavoir, chaque compagnie ſur le pied par jour de ſix livres au Capitaine, de trois livres au Lieutenant, trente ſols au Maréchal-des-logis, neuf ſols à chacun des trois Brigadiers, & ſept ſols à chacun des quarante-ſept Cavaliers, y compris les Cadets, Trompettes & Timbalier dans la compagnie Meſtre-de-camp.

Cadets. Il ſera en outre payé un ſol par jour à chaque Cadet qui paſſera en revûe dans le nombre deſdits Cavaliers, ſur le certificat du Commandant du régiment.

Etat-major. L'Etat-major dudit régiment ſera payé ſur le pied par jour de ſix livres treize ſols quatre deniers au Meſtre-de-camp, de cinq livres à chacun des deux Lieutenans-colonels, outre leurs appointemens de Capitaine ; huit livres ſix ſols huit deniers à chacun des deux Majors, cinquante-trois ſols quatre deniers à chacun des deux Aide-majors, vingt-ſix ſols huit deniers au Maréchal-des-logis, trente-trois ſols quatre deniers au Prévôt, vingt-ſix ſols huit deniers à ſon Lieutenant, vingt ſols au Greffier, vingt-ſix ſols huit deniers à chacun des Aumônier & Chirurgien, & quinze ſols à chacun des quatre Archers & un Exécuteur de juſtice.

Cornettes. Les douze Cornettes entretenus dans ledit régiment, ſeront payez ſur le pied de quarante-cinq ſols chacun par jour.

Rosen. Le régiment de Cavalerie allemande de Roſen, augmenté par ordonnance du 16 octobre 1744, de deux compagnies de cinquante Maîtres chacune, & dont les ſeize anciennes compagnies ont auſſi été portées par la même ordonnance à cinquante Maîtres, par une augmentation de quinze Maîtres en chacune, ſera payé, ſçavoir, chaque compagnie ſur le pied par jour de ſix livres au Capitaine, trois livres au Lieutenant, vingt-ſix ſols huit deniers au Maréchal des logis, huit ſols à chacun des trois Brigadiers, & ſept ſols à chacun des quarante-ſept Cavaliers, compris le Trompette & le Timbalier qui eſt dans la compagnie Meſtre-de-camp. *Compagnies.*

L'Etat-major dudit régiment ſera payé ſur le pied par jour de trois livres ſix ſols huit deniers au Meſtre-de-camp, quarante ſols au Lieutenant-colonel, outre leurs appointemens de Capitaine; huit livres dix ſols au Major, trois livres à l'Aide-major, treize ſols quatre deniers à chacun des Aumônier, Chirurgien & Auditeur, & ſept ſols ſix deniers à chacun des Greffier, trois Archers & à un Exécuteur de juſtice. *Etat-major.*

Les douze Cornettes entretenus dans ledit régiment, ſeront payez ſur le pied de quarante-cinq ſols chacun par jour. *Cornettes.*

Le régiment de Cavalerie allemande levé par le Prince de Naſſau-Saarbruck en vertu de l'ordonnance du 16 octobre 1744, compoſé de douze compagnies de cinquante Maîtres chacune, ſera payé, ſçavoir, chaque compagnie ſur le pied par jour de ſix livres au Capitaine, de trois livres au Lieutenant, quarante-cinq ſols au Cornette, vingt-ſix ſols huit deniers au Maréchal-des-logis, huit ſols à chacun des trois Brigadiers, & ſept ſols à chacun des quarante-ſept Cavaliers, compris le Trompette & le Timbalier qui eſt dans la compagnie Meſtre-de-camp. *NASSAU.* *Compagnies.*

L'Etat-major dudit régiment ſera payé ſur le pied par jour de trois livres ſix ſols huit deniers au Meſtre-de-camp, quarante ſols au Lieutenant-colonel, outre leurs appointemens de Capitaine; ſix livres treize ſols quatre deniers au Major, deux livres treize ſols quatre deniers à l'Aide-major, & treize ſols quatre deniers à chacun des Aumônier & Chirurgien. *Etat-major.*

Les régimens de Huſſards d'Apremont-Linden, de Berchiny, de David, de Beauſobre & de Pollereczky, & celui de Cavalerie étrangère de Raugrave, de douze compagnies chacun, & les ſix compagnies du régiment de Huſſards de Ferrary, levées par ordonnance du 16 *HUSSARDS.* *Compagnies.*

octobre 1745, chaque compagnie composée de cinquante Maîtres, sera payée sur le pied par jour de six livres au Capitaine, de trois livres au Lieutenant, quarante-cinq sols au Cornette, vingt-six sols huit deniers au Maréchal des logis, neuf sols à chacun des trois Brigadiers, & sept sols à chacun des quarante-sept Hussards ou Cavaliers, compris le Trompette & le Timbalier qui est dans la compagnie Mestre-de-camp de chacun desdits régimens.

Surnuméraires du régiment de Berchiny.

Les vingt-cinq surnuméraires montez, qui sont entretenus en chacune des douze compagnies du régiment de Berchiny, en conséquence de l'ordonnance du premier septembre 1744, y seront payez en passant présens aux revûes, à raison de sept sols chacun par jour.

Etat-major des régimens d'Apremont-Linden, Berchiny, David, Beausobre, Pollereczky, Raugrave & Ferrary.

L'Etat-major de chacun desdits régimens sera payé sur le pied par jour de trois livres six sols huit deniers au Mestre-de-camp, de quarante sols au Lieutenant-colonel, outre leurs appointemens de Capitaine; huit livres dix sols au Major, trois livres à l'Aide-major, trente sols à l'Aumônier, & treize sols quatre deniers au Chirurgien.

COMPAGNIE FRANCHE de HUSSARDS de ROSEMBERG.

La compagnie franche de Hussards Hongrois de Rosemberg, ci-devant Goengoësy, composée de cinquante hommes, que le Roy a prise à son service par ordonnance du premier avril 1744, sera payée sur le pied par jour de six livres au Capitaine, trois livres au Lieutenant, vingt-huit sols six deniers au Maréchal des logis, neuf sols à chacun des trois Brigadiers, & sept sols à chacun des quarante-sept Hussards, y compris un Trompette.

Traitement du sieur Tott.

Le sieur Tott qui a été entretenu par ordre du premier juin 1744 à la suite de ladite compagnie, en qualité de Lieutenant réformé, y sera payé sur le pied de vingt-sept sols dix deniers par jour en passant présent aux revûes.

Officiers réformez de Cavalerie françoise.

Les Capitaines & Lieutenans réformez des régimens de Cavalerie françoise, qui ont eu des ordres pour servir à la suite des régimens auxquels leur réforme est attachée, seront payez de leurs appointemens par mois, en passant présens aux revûes des Commissaires ordinaires des guerres, sçavoir, chaque Capitaine sur le pied de quatre-vingt-dix livres,

livres, & chaque Lieutenant sur celui de quarante-une livres quinze sols ; à l'exception de ceux dont les appointemens sont réglez sur un pied différent, par les ordres particuliers qui les attachent à la suite desdits régimens.

Officiers reformez de Carabiniers.

Les Capitaines & Lieutenans réformez, qui ont eu des ordres particuliers pour servir à la suite du régiment Royal-des-Carabiniers, seront payez de leurs appointemens en passant présens aux revûes des Commissaires ordinaires des guerres, sçavoir, chaque Capitaine, sur le pied de quatre-vingt-dix livres par mois, & chaque Lieutenant, sur celui de quarante-cinq livres aussi par mois.

Officiers reformez de Filtzjames.

Les Officiers réformez à la suite du régiment de Cavalerie irlandoise de Filtzjames, seront payez de leurs appointemens en passant présens aux revûes des Commissaires ordinaires des guerres, à raison par mois de cent quatre-vingt-trois livres sept sols six deniers à chaque Mestre-de-camp, cent soixante-quinze livres à chaque Lieutenant-colonel, cent vingt livres à chaque Capitaine, & cinquante-huit livres sept sols six deniers à chaque Lieutenant ; à l'exception de ceux auxquels il a été réglé d'autres traitemens par des ordres particuliers, sur lesquels ils seront payez.

Officiers reformez de Cavalerie allemande & de Hussards.

Les Officiers réformez à la suite des régimens de Cavalerie Royal-allemand & Rosen, & de ceux de Hussards, seront payez de leurs appointemens en passant présens aux revûes des Commissaires ordinaires des guerres, sur le pied, sçavoir, chaque Mestre-de-camp & Lieutenant-colonel, de cent cinquante livres par mois ; chaque Capitaine, de quatre-vingt-dix livres, & chaque Lieutenant, de quarante-une livres quinze sols aussi par mois ; à l'exception de ceux auxquels il a été réglé d'autres traitemens par des ordres particuliers, sur lesquels ils seront payez.

DRAGONS. Compagnies.

Chaque compagnie des régimens de Dragons, composée de cinquante Dragons montez, sera payée sur le pied par jour de quatre livres dix sols au Capitaine, de quarante sols au Lieutenant, trente sols au Cornette, vingt sols au Maréchal des logis, sept sols six deniers à chacun des trois

Brigadiers, & ſix ſols ſix deniers à chacun des quarante-ſix Dragons & un Tambour.

Seconds Lieutenans, Sous-lieutenans & Cornettes, dans les compagnies générale & Meſtre-de-camp général des Dragons.

Outre les Officiers ci-deſſus il eſt entretenu dans la compagnie générale qui eſt dans le régiment du Colonel général des Dragons, un ſecond Lieutenant, un Sous-lieutenant & un Cornette; & dans la compagnie Meſtre-de-camp du régiment Meſtre-de-camp général des Dragons, un ſecond Lieutenant & un Cornette, qui ſeront payez ſur le pied par jour de quarante ſols à chacun des deux ſeconds Lieutenans, de trente-trois ſols quatre deniers au Sous-lieutenant, & de trente ſols à chacun des deux Cornettes: entendant Sa Majeſté que les charges de ſecond Lieutenant dans leſdites compagnies ne ſoient point remplacées lorſqu'elles viendront à vaquer.

Appointemens de quatre Capitaines du régiment de Dragons d'Orléans.

Les ſieurs Beaucaire, Bouteliere & Deſlandes, qui ont eu des commiſſions de Capitaine pour commander les compagnies de Kerouarts, de Saint-Mandé, & de la Chaſſagne, au régiment de Dragons d'Orléans, ne jouiſſant d'aucuns appointemens depuis l'échange des Capitaines titulaires qui étoient priſonniers de guerre, Sa Majeſté ordonne qu'ils ſoient payez à l'avenir, en paſſant préſens aux revûes dudit régiment, ſur le pied de cinquante ſols par jour, leſquels ceſſeront du jour qu'ils viendront à changer d'état, ou à décéder.

Le ſieur le Maire qui a eu de même une commiſſion de Capitaine pour commander la compagnie de Caſtellanne audit régiment de Dragons d'Orléans, pendant l'abſence du titulaire, recevra auſſi cinquante ſols d'appointemens par jour en paſſant préſent aux revûes.

Leſdits ſieurs Beaucaire, Bouteliere, Deſlandes & le Maire, n'auront l'étape en route que comme les Lieutenans en pied dudit régiment, & ne recevront que le même traitement, ſoit en uſtenſile, pain & fourrage, lorſque Sa Majeſté en ordonnera.

Etat-major de Dragons.

L'Etat-major de chaque régiment de Dragons ſera payé ſur le pied par jour de dix livres au Meſtre-de-camp, outre ſes appointemens de Capitaine, de quatre livres dix sols au Major, de cinquante sols à l'Aide-major, & de trente sols à l'Aumônier.

Officiers réformez de Dragons.

Les Capitaines & Lieutenans réformez desdits régimens de Dragons, qui ont eu des ordres pour servir à la suite des régimens auxquels leur réforme est attachée, seront payez de leurs appointemens par mois, en passant présens aux revûes des Commissaires ordinaires des guerres, sçavoir, chaque Capitaine sur le pied de cinquante livres, & chaque Lieutenant sur celui de trente-trois livres six sols huit deniers; à l'exception de ceux dont les appointemens sont réglez sur un pied différent par les ordres particuliers qui les attachent à la suite desdits régimens.

Gardes-du-corps du Roy, réformez.

Les Gardes-du-corps du Roy, réformez, que Sa Majesté a trouvé bon d'entretenir dans le nombre des Cavaliers & Dragons de ses troupes, en attendant leur remplacement, y recevront dix sols chacun par jour, au lieu de sept sols ci-dessus réglez pour lesdits Cavaliers, & de six sols six deniers pour les Dragons.

Sa Majesté en confirmant ce qui est réglé par son ordonnance du 25 août 1745, ordonne

Maréchaux des logis surnuméraires de Carabiniers, & des régimens de Cavalerie & de Dragons qui ont servi en Bohéme & en Bavière.

Que les Maréchaux des logis qui, en conséquence de ladite ordonnance, sont entretenus comme surnuméraires dans les brigades de Carabiniers & dans la Cavalerie françoise & étrangère, & les Dragons, des régimens qui ont servi en Bohéme & en Bavière, dont il sera fait distinction dans les revûes, continuent à recevoir les appointemens qu'ils avoient en cette qualité, jusqu'à leur remplacement aux premières places vacantes dans les compagnies où ils sont entretenus.

VOLONTAIRES de SAXE.

Solde & composition des brigades & de l'Etat-major.

Le régiment de Cavalerie légère sous le nom de Saxe-Volontaire, levé en conséquence de l'ordonnance particulière du 30 mars 1743, & composé de mille hommes, les Officiers compris, sera payé à raison de vingt-cinq livres par homme par mois sur le pied complet, sans distinction de grade, depuis le Colonel jusqu'au dernier des mille hommes qui forment les six brigades & l'état-major dudit régiment; chaque brigade de cent soixante hommes, commandée par un Rotmeister ou Capitaine en pied, avec un Capitaine en second, un premier Lieutenant, deux Lieutenans en second, vingt bas Officiers, un Frater, un Sellier, un Maréchal-ferrant, quatre Tambours, soixante-quatre Volontaires, & soixante-quatre Pacolets ou Dragons.

Et l'Etat-major de quarante hommes, sçavoir, un Poulcoüenic ou Colonel, un Lieutenant-colonel, un Major, un Quartier-Meister, un Adjudant ou Garçon-major, un Auditeur, un Aumônier, un Chirurgien-major, un Vagmestre, un Prevôt, un maître Charpentier, dix Charpentiers, un Timbalier, dix Hautbois & huit Valets.

Payes de gratification de chaque brigade.

Outre la solde ci-dessus, Sa Majesté accorde par brigade vingt payes de gratification, aussi de vingt-cinq livres chacune, lorsqu'elle aura passé aux revûes des Commissaires des guerres de cent soixante à cent quarante hommes, les Officiers compris; quinze desdites payes lorsqu'elle sera de cent trente-neuf à cent vingt, & dix desdites payes seulement lorsqu'elle ne se trouvera que de cent dix-neuf à cent, n'en devant être donnée aucune lorsque ladite brigade sera au-dessous dudit nombre de cent hommes.

Masse de la Cavalerie, de la compagnie franche de Rosemberg & des Dragons.

Il sera donné (à l'exception du régiment Volontaire de Saxe) outre la solde ci-dessus, qui sera payée sans aucun retranchement, dix deniers par jour pour chaque Brigadier, Cavalier, Carabinier, Hussard, Dragon, Trompette, Timbalier & Tambour, dont le fonds restera entre les mains du Trésorier, pour composer une Masse toûjours complète destinée à l'habillement desdites troupes; de laquelle le Trésorier donnera ses reconnoissances à la fin de l'année, à l'Officier chargé du détail desdits régimens, brigades ou compagnie franche, l'un à titre de Grosse Masse, sur le pied de six deniers par Brigadier, Cavalier, Carabinier, Hussard, Dragon, Trompette, Timbalier & Tambour; & l'autre à titre de Petite Masse, pour les quatre deniers restans: laquelle Masse sera payée sur la main-levée du Directeur ou Inspecteur général dans le département

duquel

duquel lesdits régimens, brigades ou compagnie se trouveront, visée des Colonels généraux de la Cavalerie & des Dragons.

Prest des Cavaliers, Hussards & Dragons.

Comme Sa Majesté juge nécessaire qu'il reste toûjours à la fin du quartier d'hiver, quelqu'argent aux Cavaliers, Hussards & Dragons, pour leur donner moyen de subsister pendant la campagne, & qu'il est aussi à propos que les choses demeurent réglées entre les Capitaines & lesdits Cavaliers, Hussards & Dragons, de maniere qu'il n'y ait aucune difficulté sur le décompte à faire entr'eux; Sa Majesté ordonne que chaque Cavalier & Hussard touchera six sols par jour pour sa subsistance, chaque Cavalier du régiment Irlandois de Filtzjames huit sols, & chaque Dragon cinq sols six deniers; que le Cavalier, Hussard, & Dragon sera obligé d'entretenir son cheval de ferrage; & que moyennant les sept livres dix sols à quoi reviendra le surplus de la soldé pendant les cinq mois du quartier d'hiver, lesquels lui seront payez par son Capitaine à la fin de chacun des mois de novembre, décembre, janvier, février & mars, il s'entretiendra de linge, culotte, bas & souliers: Et à l'égard du Capitaine, Sa Majesté trouve bon qu'il touche ce qu'Elle a ordonné pour les places d'ustensile des Cavaliers, Hussards ou Dragons de sa compagnie, à la réserve de deux sols par jour par Cavalier, Carabinier, Hussard ou Dragon, qui resteront entre les mains du Trésorier général de l'Extraordinaire des guerres, & qui seront par lui remis au Major du régiment, ou à l'Aide-major en son absence, dans les tems marquez ci-après; pour être lesdits deux sols, qui feront pour les cent cinquante jours du quartier d'hiver, la somme de cinq écus de soixante sols chacun, distribuez manuellement par ledit Major ou l'Aide-major, aux Cavaliers, Carabiniers, Hussards & Dragons; sçavoir, un écu de soixante sols au dixiéme de chacun des mois de juin, juillet, août, septembre & octobre; sans que ledit Major ou Aide-major en son absence, s'en puisse dispenser pour quelque raison que ce soit, à peine de privation de sa charge: ce que Sa Majesté

Distribution de l'écu de campagne.

veut que lesdits Cavaliers, Carabiniers, Hussards & Dragons touchent outre la solde qui leur sera ordonnée pendant la campagne; de sorte que moyennant les six sols de solde par jour que le Cavalier & Hussard touchera, les huit sols que recevra le Cavalier du régiment de Filtzjames, & les cinq sols six deniers qu'aura le Dragon pendant le quartier d'hiver, les sept livres dix sols qui seront payées à l'un & à l'autre également, dans les cinq mois dudit quartier d'hiver, & les cinq écus qui leur seront distribuez par le Major au commencement & pendant la campagne, outre leur solde, ils soient obligez de s'entretenir, comme il est ci-dessus marqué, de linge, culotte, bas & souliers, d'entretenir leurs chevaux de ferrage, & d'entretenir aussi leurs armes, c'est-à-dire, de les tenir nettes, & de faire les menues réparations qui y seront nécessaires pour qu'elles soient toûjours en bon état: Sa Majesté entendant que quand les armes des Cavaliers, Hussards & Dragons deviendront dans un état à ne pouvoir plus servir, qu'il en faudra de neuves, ou qu'il sera nécessaire d'y faire des réparations considérables, le Capitaine en fasse la dépense, à moins qu'il ne fût jugé par le Conseil de guerre du régiment, que le dommage arrivé à l'arme du Cavalier, Hussard & Dragon, fût par la faute du Cavalier, Hussard & Dragon.

Entend aussi Sa Majesté qu'au moyen de l'ustensile, sur lequel il sera, comme il est dit ci-dessus, retenu deux sols par jour par Cavalier, Carabinier, Hussard ou Dragon, le Capitaine sera obligé d'entretenir chaque Cavalier, Carabinier, Hussard ou Dragon de sa compagnie, de cheval, housse, selle, harnois, bride, habillement, manteau, chapeau, bottes, armes, & généralement de toutes les choses qui lui seront nécessaires, à la réserve du linge & des culottes, bas & souliers.

RETENUE SUR L'USTENSILE pour le non-complet des compagnies.

INFANTERIE.

Au moyen des payemens qui seront ainsi faits aux troupes d'Infanterie, de Cavalerie, de Carabiniers, de Hussards & de Dragons, les Officiers seront obligez de les mettre en état de servir dans le commencement du mois d'avril prochain: & s'il arrive qu'une compagnie d'Infanterie qui doit être de quarante hommes ſans les Officiers, ſe trouve à la revûe qui en ſera faite par les Commiſſaires ordinaires des guerres dans les premiers jours dudit mois d'avril, avec les Directeurs ou Inſpecteurs généraux de ſes troupes où il s'en trouvera, au deſſous du nombre de trente-quatre hommes, il ſera retenu cent cinquante livres ſur l'uſtenſile du Capitaine, dont il ne pourra avoir la main-levée qu'après la revûe qui ſera faite des troupes au commencement de la campagne, & que ſa compagnie y aura paſſé à trente-huit, trente-neuf ou quarante hommes.

Cavalerie, Carabiniers, Hussards & Dragons.

Veut auſſi Sa Majeſté qu'au moyen deſdits payemens, les Officiers de ſes troupes de Cavalerie, de Carabiniers, de Huſſards & de Dragons, ſoient obligez de même, de les mettre en état de ſervir dans le commencement du mois d'avril prochain; & que s'il arrive qu'une compagnie ne ſe trouve pas compléte, montée, armée & équipée comme il convient, à la revûe qui en ſera faite dans les premiers jours dudit mois d'avril, par les Commiſſaires ordinaires des guerres, avec les Directeurs ou Inſpecteurs généraux où il s'en trouvera, il ſoit retenu un mois d'uſtenſile, tant des places attribuées à la perſonne du Capitaine, que de celles des Cavaliers, Carabiniers, Huſſards & Dragons, en ce non compris l'écu de campagne, qui doit être toûjours diſtribué aux Cavaliers, Carabiniers, Huſſards & Dragons, ſans pouvoir être retenu ſous quelque prétexte que ce ſoit; de laquelle retenue il ne pourra avoir la main-levée qu'après la revûe qui ſe fait ordinairement des troupes au commencement de la campagne, & que ſa compagnie y aura paſſé compléte d'hommes & de chevaux, & en état de bien ſervir.

Ordonne Sa Majeſté aux Commiſſaires des guerres qui ſeront chargez de la police de ſes troupes, qu'après qu'ils auront fait leurs revûes dans les premiers jours d'avril, avec les Directeurs ou Inſpecteurs généraux où il s'en trouvera, ils aient à informer auſſi-tôt les Intendans dans les départemens deſquels ils ſeront, des compagnies qui, à cette revûe, ne ſe trouveront pas complétes & en bon état, afin qu'ils fassent faire les retenues sur l'ustensile, ainsi qu'il est expliqué dans les deux articles précédens, aux Capitaines d'Infanterie, de Cavalerie, de Carabiniers, de Hussards & de Dragons : Entend aussi Sa Majesté, que lesdits Commissaires des guerres, Directeurs & Inspecteurs généraux où il s'en trouvera, déclarent en même tems de sa part aux Capitaines, que ceux qui, à la revûe qui se fera des troupes au commencement de la campagne, n'auront pas leur compagnie compléte & de tout point en état de servir, telle raison qu'ils puissent avoir, seront cassez, & mis en prison jusqu'à ce qu'ils aient restitué tout ce qu'ils auront reçu d'ustensile pendant l'hiver, sans avoir égard aux dépenses qu'ils auront faites à leur compagnie : déclarant Sa Majesté aux Colonels, Mestres-de-camp & Lieutenans-colonels des régimens dans lesquels il se trouvera de mauvaises compagnies, qu'Elle les en rendra responsables en leur nom, comme ayant négligé de prendre le soin qu'ils doivent avoir que les Capitaines travaillent utilement à leur rétablissement.

VIII.

Officiers réformez dans les Provinces.

Colonels & Lieutenans-colonels d'Infanterie françoise.

Les Colonels & Lieutenans-colonels réformez d'Infanterie françoise, qui par l'ancienneté de leurs services doivent avoir des appointemens, continueront d'en être payez dans les provinces, sur les états & ordres qui seront expédiez à cet effet, sur le pied de neuf cens livres par an à chaque Colonel, & de sept cens livres à chaque Lieutenant-colonel.

Mestres-de-camp & Lieutenans-colonels de Cavalerie françoise.

Les Mestres-de-camp & Lieutenans-colonels réformez de Cavalerie, retirez dans les provinces, auxquels Sa Majesté a accordé des appointemens, continueront d'en être payez sur les états & ordres qui seront expédiez à cet effet.

Mestres-de-camp & Lieutenans-colonels de Dragons.

Les Mestres-de-camp & Lieutenans-colonels réformez de Dragons, qui doivent avoir aussi des appointemens par l'ancienneté de leurs services, seront payez dans leur province, suivant les états & ordres qui seront envoyez, sur le pied de deux mille livres par an à chaque Mestre-de-camp qui a eu un régiment, mille livres à chacun des autres, & six cens livres à chaque Lieutenant-colonel.

Officiers réformez, Partisans, d'Infanterie, Cavalerie & Dragons, entretenus dans les Places.

Les Officiers réformez, tant d'Infanterie que de Cavalerie & de Dragons, entretenus dans les places en qualité de Partisans, seront payez en passant présens aux revûes, des appointemens qui leur ont été réglez, suivant les états & ordres signez du Secrétaire d'état ayant le département de la guerre.

Capitaines & Lieutenans réformez d'Infanterie, de Cavalerie & de Dragons, renvoyez dans leur province.

Les Capitaines & Lieutenans réformez d'Infanterie, de Cavalerie & de Dragons, ci-devant attachez à la suite des régimens, ou entretenus à la résidence des places, qui ont été renvoyez dans leur province, continueront d'y être payez de leurs appointemens, sur les états qui seront envoyez tous les six mois aux Intendans desdites provinces, ainsi qu'il s'est pratiqué par le passé.

I X.

DÉFEND Sa Majesté aux Officiers, Gardes-du-corps, Gendarmes, Chevaux-légers, Mousquetaires, Cavaliers, Carabiniers, Hussards, Dragons & Soldats, de prendre aucun sel dans les pays étrangers, ou dans ceux de l'obéissance de Sa Majesté où la gabelle n'est point établie, ni de se charger d'aucun tabac ou autres marchandises prohibées, pour transporter, vendre ou débiter, en telle manière que ce puisse être, & à quelque personne que ce soit, dans les provinces du royaume; à peine aux Chefs & Commandans, de répondre sur les payes à eux ordonnées, & sur leurs biens, des dommages qui seroient faits aux fermes générales par ceux étant sous leur charge; & aux Gardes, Gendarmes, Cavaliers, Carabiniers, Hussards, Dragons & Soldats, d'être punis suivant la rigueur des ordonnances contre les faux-sauniers. Défend aussi Sa Majesté à tous ses Sujets, de quelque qualité & condition qu'ils soient, de commettre le faux-saunage, ni d'assister & favoriser en quelque sorte que ce soit, les gens de guerre qui le commettront, aussi sur les peines des ordonnances.

Défend encore Sa Majesté auxdits gens de guerre, d'aller, ni d'envoyer couper, abattre, ni prendre aucun bois dans les forêts & buissons, à qui que ce soit qu'ils appartiennent; d'y chasser à la campagne, en quelque lieu que ce puisse être; de tirer avec fusils ni autres armes à feu, sur les pigeons & sur le gibier, ni pêcher dans les étangs, à peine de punition corporelle: Voulant que les coupables des crimes ci-dessus soient punis par les Prévôts des Maréchaux, & à leur défaut par les juges ordinaires des lieux, selon la rigueur des ordonnances; sans que les gens de guerre puissent auxdits crimes alléguer aucune exception ni privilége, ni les juges y avoir égard.

MANDE & ordonne Sa Majesté aux Gouverneurs & Lieutenans généraux dans ses provinces & armées, aux Gouverneurs de ses villes & places, à ceux qui y commandent, aux Commandans & Intendans de ses armées, aux Intendans dans les provinces & sur les frontières, aux Directeurs & Inspecteurs généraux de ses troupes, aux Commissaires des guerres ordonnez à leur police, & à tous autres ses Officiers qu'il appartiendra, de tenir la main à l'exécution de la présente. FAIT à Versailles, le premier décembre mil sept cens quarante-six. *Signé* LOUIS. *Et plus bas*, M. P. DE VOYER D'ARGENSON.

A PARIS, DE L'IMPRIMERIE ROYALE. 1746.

www.ingramcontent.com/pod-product-compliance
Ingram Content Group UK Ltd.
Pitfield, Milton Keynes, MK11 3LW, UK
UKHW022119260726
13993UKWH00003B/1116

9 782329 241128